让孩子爱上运动

婴幼儿运动指南

赫忠慧 | 总主编

董进霞　钟逸婧 | 编　著

中国人口出版社
China Population Publishing House
全国百佳出版单位

图书在版编目（CIP）数据

让孩子爱上运动.婴幼儿运动指南/董进霞，钟逸婧编著.--北京：中国人口出版社，2022.1
ISBN 978-7-5101-8245-7

I.①让… II.①董… ②钟… III.①体育运动—儿童教育—早期教育 IV.①G883②G808.17

中国版本图书馆CIP数据核字（2021）第250203号

让孩子爱上运动·婴幼儿运动指南
RANG HAIZI AISHANG YUNDONG·YING-YOU'ER YUNDONG ZHINAN

董进霞　钟逸婧　编著

责任编辑	魏　娜
责任印制	林　鑫　王艳如
出版发行	中国人口出版社
印　　刷	小森印刷（北京）有限公司
开　　本	710毫米×1000毫米　1/16
印　　张	11.5
字　　数	160千字
版　　次	2022年1月第1版
印　　次	2022年1月第1次印刷
书　　号	ISBN 978-7-5101-8245-7
定　　价	45.00元

网　　址	www.rkcbs.com.cn
电子信箱	rkcbs@126.com
总编室电话	（010）83519392
发行部电话	（010）83510481
传　　真	（010）83538190
地　　址	北京市西城区广安门南街80号中加大厦
邮　　编	100054

版权所有　侵权必究　　质量问题　随时退换

编　委　会

总主编　赫忠慧

主　编　董进霞

副主编　钟逸婧

编　委（按姓氏笔画排序）

　　　　　门晓坤　王子忱　王　蔷　张胜静

前　言

孩子是民族的希望、家庭的未来。年轻的父母们不仅为孩子的衣食住行担忧，更为他们的教育和成长焦虑，"不输在起跑线上"是这一状况的具体体现。许多家长在问：孩子应该什么时候开始早教？是报钢琴班、绘画班好还是报外语班、游泳班好？孩子过于好动是不是要限制？是不是精细动作发展越早越好？……有趣的是，问这些问题的父母们有着不同的教育背景和职业，有些甚至是受过高等教育的知识分子。为此，我们深感有必要向家长们系统、详细地介绍目前国内外普遍接受的有关儿童身体、运动和成长的研究成果、观点和训练方法，为他们轻松、快乐地陪伴和养育自己的孩子提供一些参考。

本书是一本在借鉴美国、日本、英国等国幼儿教育理念和实践的基础上，结合我们多年相关研究和实践，以儿童身体和动作发展及其与成长、环境的互动关系为视角，以服务家长为目的而编写的实用性的亲子运动指导书。全书共九章，"九"寓意养育孩子需要坚持和耐心。首章阐述了运动对儿童健身、健心、健脑和健全人格的价值，希望家长们能够帮助孩子树立一个正确的体育观。第二到第七章分年龄段讨论了0~6岁儿童的身体和动作发展特征，介绍了适宜的身体训练内容、亲子训练方法和手段及其注意事项。第八章介绍了一些常用的儿童运动能力测评内容和方法。最后一章讨论了借助体育运动来提高孩子专注力和情绪管理能力的一些方法和手段。

此书的完成离不开钟逸婧、门晓坤、王蔷、张胜静和王子忱的参与，更离不开所有作者家人的支持和帮助。特别感谢牛悦和儿子bobby、杨帆和女儿茉莉在炎热的夏天参与图示动作的拍摄。当然，摄影师倪天勇、丛书主编赫忠慧和编辑的辛勤工作和指导是此书成形的关键。在此，我们要真诚地道一声"谢谢"。

董进霞

2021年12月

目录

第一章 运动对 0~6 岁孩子有多重要

第一节 好的早教是什么 / 2

第二节 健康、聪慧、阳光的孩子，从运动开始 / 4

第三节 为孩子种下广阔的未来，从运动开始 / 9

第四节 0~6 岁孩子需要什么样的运动体验 / 13

第五节 孩子的运动才能来自何方 / 16

本章小结 / 19

第二章 婴幼儿动作发展的意义和方法

第一节 动作发展对婴幼儿成长有什么意义 / 22

第二节 婴幼儿动作如何分类 / 23

第三节 粗大动作发展 / 26

第四节 精细动作发展 / 32

本章小结 / 36

第三章 孕/产妇与胎儿健康

第一节 备孕期的健康和身体运动 / 38

第二节 孕期健康与身体运动 / 42

第三节 产后健康与身体运动 / 50

本章小结 / 55

第四章 0~10个月宝宝如何运动

第一节 宝宝的动作发展是否"达标" / 58

第二节 如何促进宝宝的动作发展 / 60

第三节 如何创造建设促进运动探索的家庭环境 / 65

第四节 户外活动的重要性 / 69

本章小结 / 71

第五章 11~18个月婴幼儿如何运动

第一节 11~18个月婴幼儿的动作发展有什么特征 / 74

第二节 如何促进11~18个月婴幼儿的动作发展 / 75

第三节 11~18个月婴幼儿的亲子活动 / 80

本章小结 / 91

第六章 1.5~3岁孩子如何运动

第一节 1.5~3岁可以开展哪些身体活动 / 94

第二节　为 1.5～3 岁孩子提供适宜的运动环境和机会 / 101

第三节　运动安全的把握 / 104

第四节　如何让运动能力弱、胆子小的孩子动起来 / 108

第五节　大自然的呼唤 / 110

本章小结 / 114

第七章　3～6 岁如何运动

第一节　3～6 岁孩子有什么特点 / 116

第二节　3～6 岁孩子身体素质如何发展 / 122

第三节　3～6 岁儿童可做哪些运动项目 / 128

第四节　如何让孩子坚持参加一项运动 / 132

第五节　针对 3～6 岁儿童的亲子体育活动方案 / 134

本章小结 / 138

第八章　身体运动能力的观察与评价

第一节　美国粗大动作测试量表简介 / 140

第二节　《3～6 岁儿童学习与发展指南》关键目标介绍 / 146

第三节　国家幼儿体测标准介绍 / 149

第四节　其他指标介绍 / 154

第五节　怎么解读孩子的身体能力数据 / 154

本章小结 / 156

第九章　通过运动提高幼儿的专注力和情商

　　第一节　如何通过运动提高专注力 / 158

　　第二节　如何通过运动提高情绪管理能力 / 160

　　第三节　如何让孩子积极参与运动 / 163

　　本章小结 / 166

结语：和孩子一起运动和成长

　　主要参考文献 / 170

第一章

运动对0~6岁孩子有多重要

孩子降临人世后，就要接受一个又一个的生长发育挑战。0~6岁是为未来学习和生活奠定基础的关键阶段。早在2000多年前，古希腊著名哲学家亚里士多德就强调教育应当遵循儿童发展的自然顺序。他认为，在教育儿童时，须先训练其身体，后启发其理智。可见，身体训练在孩子生命的早期是多么重要。

第一节 好的早教是什么

父母是孩子最好和最早的老师,没有人比他们更爱自己的孩子。因此,早教实施者应该是父母。父母给予孩子什么样的环境和教育,孩子就会成为什么样的人。

一、早教的目的是什么

所谓早教就是早期教育。为什么要进行早期教育呢?尽管不同的家长对孩子的期待会有所差异,但总的说来,很早就为孩子提供一个适宜的、丰富的教育环境,对孩子的大脑发育和人格成长进行"激活",可以为其日后的发展打下一个坚实的基础。

二、早教从何时开始

其实孩子一出生就可以对他进行早教了,甚至可以从胎教开始。早教并不是让宝宝去学会什么,而是通过游戏促进其动作发展和感知能力的发展。

三、如何鉴别早教的质量

如今市场上有着大量的早教机构,从婴儿游泳到感统训练,从音乐、美术启蒙到全脑开发。家长们需要擦亮眼睛,在挑选早教机构时注意遵循几个原则。

(一) 科学性

大量早幼教机构都会贴上科学权威的标签，宣扬自己拥有专家支持和科学的课程体系。您如果重视科学性，就需要深入了解一下，其科学理论是否拥有实证支持，其专家团队是否提供了定期的、系统的教育督导。

比如，很多智力开发机构宣扬要发展"多元智能"。实际上该理论的创始人、哈佛教授盖德纳表示，"多元智能"只是一种艺术性的提法，希望让人重视智力，除了数学之外还可以有很多维度，但并没有实证研究证实智力究竟有几种组成成分。所以"多元智能"至多是一种理念，缺乏实证根据。

(二) 主动性

孩子在0~3岁阶段是主动学习者，他们并不遵从大人的指令去学习，而是随着视线所至、兴趣所至，在玩耍中探索，在探索中学习。

有一些商业上非常成功的早教机构，仅仅是抓住了孩子喜欢新奇事物这一点，一堂45分钟的课下来会让孩子玩上十来种玩具，每三五分钟就换一下，令人眼花缭乱。很多家长会认为这就是物有所值。但如果认真观察孩子，你就会发现，这些孩子正在大人们的逼迫下做出一个个行为。刚尝试了一次，就换了下一个，缺乏挑战、战胜挑战的过程和由此建立起来的自信，缺乏自主探索和创造的时间和机会。长此以往，孩子们被练得从小就"乖""听话"，只会被动服从。

一个很鲜明的对比是，偶尔会有来试课的插班孩子，很晚才来体验早教，结果这些后来的孩子无论在身体运动能力、探索认知能力，还是主动性和社交能力方面，丝毫不弱于早已加入的孩子。唯独差的一点是纪律不如先来的孩子好。

所以，家长们不要轻易地被表面的五花八门吸引，那是商业需要的产品设计。家长要信任自己的孩子，观察、倾听他们内心的声音，为他们选择真正顺应他们内心世界的活动。

(三)情感的传递

最好的早教,其实来自父母的陪伴,来自在互动和游戏中产生的情感交流。早期教育阶段,不在于孩子学了什么,而在于孩子是否建立起了足够的安全感,能够放松大胆地去探索他周围的环境。而父母是孩子安全感最重要的来源。

第二节 健康、聪慧、阳光的孩子,从运动开始

孩子早期的成长是以抬头、翻身、坐、爬、走、跑这些动作发展为基本标志的。婴幼儿通过动作去认识这个世界,每一次动作行为导致的"结果"是把儿童和他们自身的能力联系起来,即自己是强壮还是虚弱。现代生物学、人类学、脑科学、心理学等学科的研究证实,幼儿身体运动不仅有助于改善身体素质、提升身体机能,还能促进智力发育、心理健康,并培养社交能力和创造力(图1-1)。

图1-1

一、运动对身体发育和健康的影响

国内外大量的研究已经证实,运动对身体发育和健康有积极的促进作用,具体体现在以下几个方面。

(一)塑造良好的形态和保持合适的体重

无论是小胖墩还是"豆芽菜",参加身体运动都会帮助孩子保持体重

适中，让形态更加优美自然。因为运动会消耗卡路里，减去多余的脂肪；运动会提高代谢水平，增强消化和吸收能力，孩子会变得更加结实有力。

（二）增加肌肉力量

经常进行有规律的、肌肉收缩的身体活动，会让肌肉体积增大，力量增强。

（三）提高骨密度

经常运动的人在骨骼的质量、密度和矿物质含量上都会大大优于那些不常运动的人。研究发现，在少儿时期进行锻炼，即使停练很长时间，其"记忆"仍会保留在骨骼内，对成年后久坐的人也能有所益处，因为骨头会参与能量代谢。

（四）增强耐力和心肺功能

身体活动有助于儿童心肺功能的提高，增强孩子对流行性感冒等呼吸系统疾病的免疫力。

（五）保持关节灵活和韧带弹性

经常锻炼的人，关节的灵活性和韧带的弹性都要优于不经常运动的人，出现损伤和关节疾病的风险也会降低。

（六）发展身体的平衡能力和协调性

经常运动的人，平衡能力和协调能力都会有所提高。平衡能力和协调性不仅与我们日常生活质量有密切关系，还与大脑的认知功能有关联。

（七）提高对疾病的免疫力

幼儿期参加运动会诱导基因表达变化，会改变人体对高热量饮食的炎症反应，降低糖尿病和癌症等疾病的发生率。

(八）改善心情

运动可以增加神经递质如多巴胺的水平，让人感觉愉快，并在一定程度上增加血清素的水平，血清素对镇定情绪有很大作用。

二、运动对大脑和认知的影响

0~6岁是一生中大脑结构和认知能力发展最快的时期。身体动作不仅可训练肌肉骨骼，还可训练神经系统。为此，瑞士著名心理学家皮亚杰认为，要真正了解智慧，必须追溯到动作。

（一）运动对大脑结构的影响

儿童时期体育活动充足对发育中的大脑结构和功能会产生有益的影响，具体体现在以下三个方面。

1. 促进神经元的产生和神经通路的建立。
2. 额叶体积增大、海马区长大，大脑"执行功能"和记忆力提升。
3. 提高神经传递素的基础水平，进而提高专注力。

（二）运动对认知能力的影响

认知能力是指人脑加工、储存和提取信息的能力，它是人们成功地完成活动最重要的心理条件，也是预测未来成就的重要指标。

大量研究表明：运动是塑造认知能力的有效手段。给幼儿提供丰富的、对生活有益的、重复一定量的身体活动，可以促进他们认知能力的发展。瑞典哥德堡大学的科学家证实，运动可以塑造更聪明的大脑。在运动中，通过身体与环境的互动，儿童会获得关于自我与环境的大量信息，把感知动作内化为表象，形成以身体经验为中心的直觉思维，进而促进自我思维的发展。游戏和运动中所发展的创造性和批判性思维可为未来的学习和发展奠定基础。

三、运动对个性、情感和社会性发展的影响

(一) 个性发展

根据《心理学大词典》，个性是指一个人的整个精神面貌，即具有一定倾向性的心理特征的总和。个性结构是多层次、多侧面的，包括能力、气质、性格和动机、兴趣、理想、信念等（图1-2）。

图 1-2

经常运动能降低焦虑和压力，增强自尊心。通过运动，儿童将自己与周围的物质环境、社会环境区分开来，并从中获得对各种环境和自己行为的认识，收获关于自己人格的一些重要体验，为其个性化发展奠定基础。

(二) 人格塑造

除了健康的身体、发达的大脑以外，孩子成为一个对社会有用的人离不开健全的人格。

人格是感觉、认知、情绪、价值及生化反应诸多要素整合的产物，是个体在社会化过程中所形成的内部稳定和持久的动力组织。目前人们普遍认为，人格是由遗传和环境两方面因素组成的，同时还受到情境条件的影响。不同情境要求一个人的人格表现出不同的侧面。100年前北京大学校长蔡元培先生曾说："完全人格，首在体育。"大量的事实证明，体育运动可以提高孩子自信、自尊（self-esteem）水平，让他们学会自我表达、自我管理、自我控制、自我激励；学会遵守纪律和尊重他人，建立规则意识，理解多元差异，并获得领导与合作、沟通与社交、付出与坚持、拼搏与团结等良好的品质。

(三) 社会性发展

儿童的社会性发展体现在社会交往能力上，它必须在一个社会交往的共同体中实现。而运动是最佳的方式，因为运动中包含了大量要求儿童和

同伴一起去协商、解决冲突、扮演角色、协调和承认游戏规则的情景。儿童在运动中所获得的体验，其意义已经远远超出了身体行动本身。通过身体动作，儿童扩大了个体与周围环境交往的范围，能够多角度、深入地探索其周围的物质世界与社会环境，从而获得大量新的经验。儿童在运动中能够学到关于社会交往的一些基本技能（表1-1）。

表1-1　运动对社会交往能力的影响

项目	社会交往的基本技能
社会敏锐感	感知其他人的感觉
	设身处地地为他人着想
	意识到他人的需求并且在自己的行为中注意这些
	意识到他人的愿望
规则理解力	在遵循简单规则的前提下和别人一起游戏
	理解和遵守协调一致的规则
	自己拟定简单的规则
联系和协作技巧	接受他人参与到自己的游戏中来
	承认别人的玩伴地位
	接受或者提供帮助
	一起玩耍
	完成共同的任务或者其他任务
	帮助其他人
	向其他人表达自己的感受
	和别人一起讨论和辨析问题
承受失败的能力	延缓自己的需求以优先照顾别人
	容忍自己不经常是别人瞩目的焦点
	学会接受失败
	适应集体组织
宽容和体谅	接受和承认其他人的成就
	尊重其他人不正常的地方（如残疾）
	容忍其他人的某些不同需求，并和他们一起参与游戏
	让弱势的个体到游戏中来
	照顾弱势的游戏伙伴

资料来源：齐默尔，2008。

第三节　为孩子种下广阔的未来，从运动开始

在第二节中，我们看到了运动对孩子全面健康成长的促进作用。本节让我们看看运动对于孩子所处的阶层和未来发展空间意味着什么。

一、我们的孩子与欧美日韩的同龄人有哪些不同的运动和成长经历

从出生前到出生后的几年时间里，我国的城市孩子与欧美日韩等地区和国家的同龄人相比，处于完全不同的生长环境中。孩子各个阶段都受到了饮食、运动机会和人际关系环境的影响。

（一）妈妈怀我时什么样

我国城市中的孕妈大多会进行食补，在双方父母的悉心照顾下，山珍美味堆满了饭桌，体重增加明显。相比之下，欧美日韩的孕妈会像怀孕之前一样保持正常饮食、正常运动。很多孕妈坚持跑步、游泳、健身等运动一直到怀孕七八个月。按照欧美日韩医生的话说："你怀孕之前身体能承受什么样的运动量，怀孕期间也就能承受多少，当然怀孕前三个月要小心一些。"

笔者发现，国外孕妈之所以能够照常饮食和运动，与当地的自然资源充足、饮食热量充足、人际关系以简单的小两口生活为主是密不可分的。相比之下，在国内很多城市都需要付出更多的时间和金钱代价，才能换来高质量的运动机会。这让国内的孕妈很难坚持开展有规律的身体活动。

（二）初生时的养育环境

笔者的孩子在美国出生后的一两天，医院里的室温估计也就17℃～18℃，

大人晚上睡觉都冻得要盖棉被，护士却只给小婴儿穿一件很薄的长袖连裆上衣，两条小腿都露着，然后裹上一层薄薄的包巾。一摸孩子的小手，冰凉。美国医生表示，这才是适合孩子的温度，手脚冰凉没关系。等从医院回到了家，中国的老人们开始给孩子里三层外三层地越裹越多。

可以看到，耐寒能力的背后依然有饮食的影响。笔者在刚回国的一周之内常常感到吃不饱，同样是一顿饭，看起来分量也差不多，但吃完饭后总是支撑不过两三个小时就会饿。估计是相比国外的奶酪、肉类等，国内饮食的热量偏小。这对我们的体质有着重要的影响。除了饮食之外，国内老人对于孩子的养育观念也起到了重要的作用。

（三）0~3岁的生长经历

当孩子进入0~3岁的成长轨道后，孩子养育的观念，以及由此为孩子创造的成长环境开始起到主导作用。由于国内是几个老人围着一个孩子转的社会结构，城市里的孩子往往是老人加保姆的看护关系，对孩子的环境要求是吃得好、避免磕了碰了、避免衣服脏了（图1-3）。

相比之下，外国孩子明显要"野"得多，满山坡地骑滑板车、顺着台阶扶手攀爬上去、绕着花园疯跑，不仅身手更

图1-3

敏捷，精神上自我意识也更强，更知道自己想干什么，也更会表达自己的想法。比如，一对来自法国的姐弟俩，姐姐6岁多，弟弟3岁多，两人整天就在外面"游手好闲"，一问得知，妈妈是中国人，爸爸是法国人，爸爸明确要求教育的事由他来管，他拒绝让孩子去幼儿园，而是每天上午让孩子在小区里疯玩，下午就拉着孩子出去了，可能去城里的博物馆、艺术馆，也可能去郊区远足（图1-4）。

图 1-4
说明：澳大利亚儿童户外活动的场景。

（四）3～6岁的生长经历

大量实证研究表明，无论国内外的幼儿园，孩子在幼儿园中的多数时间都是静态活动，如坐着听故事、看绘本、画画、做手工等。只不过在活动时间里，尽管都是以"放羊"为主，我们的孩子所享有的人均运动空间着实有限，无法享受自由的奔跑。而更大的区别还在于课外时间。当我们的孩子在课外时间参加美术班、书法班、珠心算等活动时，德国的孩子正从二十多项体育活动中选择自己感兴趣的参加，你会看到十来个三四岁的孩子在大片空旷的绿油油的草坪上踢足球。而参加这种课外培训的费用在地方政府的补贴下一年只需几十欧元。到了周末，这些孩子要么在家长的带领下去森林远足、跑步、骑车、踢球、露营，要么去参加体育类的培训。而和我们处境最为接近的日本，已经掀起了朋友圈的一阵阵转发狂潮，从幼儿跳马、侧手翻，到走到河中央喊出自己的名字后跳到河里，挑战有难度的身体和精神活动成了教育的核心组成部分（图1-5、图1-6）。

图 1-5

图 1-6
说明：北欧孩子在户外玩耍的情景。

这种有关运动和成长环境乃至经历的差距，将在 6 岁以后被进一步扩大，直到进入大学阶段、成人社会。

运动是成长的底色。

二、我国孩子的身体运动现状：地域差异和阶层差异

公允地讲，上述差距并不是一概而论，在国内已然出现了身体能力的明显分化，其背后反映出经济社会地位的分化。

国内身体能力最强的孩子不是在城市里，而是在乡村。正是广阔的土地、树木、溪流，以及放养式教育，给了孩子们难得的运动环境。从这点上，我国的乡村幼儿园反而成了最"国际化"的幼儿园。

越是有钱的家庭，越是把孩子送到国际学校，追随国外的教育节奏，让孩子练冰球、学马术、打高尔夫。已经有少数家庭的孩子开始真正走上了体育训练的道路。

三、让孩子掌握一门走遍世界的社交语言

无论出于什么样的考虑，让孩子多参与体育活动、熟悉各种体育项目的游戏规则、体验其中的乐趣，总归是一种不错的教育投入。正如前文所说的，它有助于孩子的健康全面发展。

当孩子进入小学、中学后，运动能力强将让孩子获得骄傲的资本，成为学校明星，从而获得更多的朋友、关注和机会。

当孩子进入大学、出国留学时，体育是国际上最为通用的社交语言，更容易引起不同背景的人的情感共鸣，能帮孩子更快地结交朋友、和当地人打成一片。

当孩子步入职场后，运动将影响孩子的生活、娱乐和社交方式，能使孩子保持健康的身心，获得更广阔、更高质量的人脉关系。

运动是一门最重要的社交语言，是幸福一生的基石。

第四节 0～6岁孩子需要什么样的运动体验

一、0～6岁孩子需要完全不同于青少年和成人的运动体验

青少年和成人在参与运动时,本着提升自己的运动能力和运动技能的目的,往往希望能有专业人士为自己指点一二,从而加快自己运动技能提升的速度。所以"动作纠错"在青少年和成人参与运动中是普遍存在的,这就是大家习以为常的动作技能传授方法。主动向教练请教"我哪里做得不够好"可能是一个虚心学习者的好习惯,而能"一针见血"指出动作问题所在也是能让一名优秀执教者引以为荣的能力。但是对于婴幼儿来说进行"动作纠错"还为时尚早!

不要用成人的动作要求来指导、评价婴幼儿的动作。婴幼儿的动作不是用"对"和"错"来区分的,试想一个刚刚蹒跚学步的婴儿走路的姿态和方式是错的吗?可以说婴幼儿所表现出来的、现有状态的所有动作都不是"错"的,这是他们动作向成熟发展的必然过程,不能轻易否定他们。

当幼儿的动作练习尚未发展到可以接受批评前,假设你告诉幼儿他没有做"对",这种过早的负面反馈,会扼杀他们做更多练习的动机,这种"失败"的感受会"腐蚀"他们的自我概念。所以,当幼儿试图进行运动时,家长和教师要给予正面鼓励,赞赏和鼓励幼儿去探索、尝试,给他们充分的"试错"机会和时间。在这种正面的氛围下,幼儿对其他方面的新事物可能也会愿意"试试看",这为他们未来的学习、探索创造了更多的机会,获得更多的经验和发展。

二、富于身体、认知和社交挑战的成长体验

"自己做"是孩子们在追求自我独立性过程中的第一种表达方式。儿童通过身体运动获得的体验，涉及许多描述儿童自身能力发展的概念，其中包括"自我"。"自我"概念中包含"能与不能""成功与失败""成就与限制""自立"等内容。"自我"的建立对于儿童来讲，从根本上是受到身体体验的影响的，这些体验是儿童在成长的第一阶段所获得的，它们也可以被看作儿童个性发展的基础。

根据皮亚杰的理论，智力的发育是与儿童对周围物体的接触与探索同时进行的，思考最先是以主动采取某种行为这样的形式出现的。通过现实中不同条件下的实践运动，儿童获得理论知识。在最初阶段，儿童主要是通过感受、亲身实践的行为与动作，以及他们的身体来形成对外部世界的认知与了解。目前的诸多研究也证明了运动可以促进认知的发展，而且两者互为作用（表1-2）。

表1-2 皮亚杰的认知发展阶段及其子阶段

阶段	子阶段	出现年龄	所出现的行为类型
感觉动作阶段 0~2岁	反射练习	0~1个月	反射性活动
	初级循环反应	1~4个月	自我探索
	二级循环反应	4~8个月	协调和外部够物
	二级图式	8~12个月	有目的的行为
	三级循环反应	12~18个月	试验
	通过思维组合发明新方法	18~24个月	完全的客体永久性；心理组合和问题解决
前运算阶段 2~7岁	前概念	2~4岁	出现了符号功能，认为万物有灵
	直觉阶段	4~7岁	一次仅能关注事物的一个方面，自我中心

三、充满主动探索与尝试的自信体验

婴幼儿在游戏和运动中得到的体验，涉及最原始的体验。这种体验借助自我的行为、行为结果、身体和感官，通过发现和尝试直接获得。他们实现了被人们称为"自主性"的东西，也完成了获取经验的深层形式。

（一）自主性是儿童发展的重要前提

儿童通过积极的活动来达到对环境的占有，通过其行为和行为的结果识别自身。这就要求我们必须让他们拥有独立去探索周围环境的机会，并且尽可能地让他们自己做出决定，创设一个安全、自主的环境，促进个性化的发展。皮亚杰和蒙台梭利都认同儿童自发的决定行为是儿童发展的基础。他们在不断的尝试中体验到：我是造成这种影响的人，我能做某些事情。这些感觉将是构成儿童做好某件事情自信心的基础。

（二）创造能够让儿童动起来的环境

想要培养儿童积极的自我感觉，一个最根本的前提条件就是要创造能够让儿童动起来的环境。这样的环境有以下几个特点。

1. 还给他自己做主的权利以及可以确保安全的运动空间。
2. 避免与其他儿童进行对比。
3. 给予他们被信任的感觉。
4. 设置能够让他们获得成就感的任务。

四、充满想象与创造的快乐体验

（一）游戏化

儿童的天性就是爱玩儿。游戏是幼儿的主要活动方式，是幼儿身心发展的源泉。以游戏为主要形式的体育活动可以让孩子产生愉快的体验，对体育产生兴趣。对他们来说运动本身就是最大的快乐，"动即快乐"，他们不会说自己要"坚持运动"。因此，他们没有成人那么强的目的性，却最能享受运动本身的快乐！游戏具有社会性，游戏是想象与现实生活的独特结合。因此，孩子在游戏中既可以充分展开想象，又能真实再现成人的人际关系和体验成人生活中的感受，认识周围事物。

（二）避免过早的专门化训练

在现实生活中，家长和教师往往容易在孩子的运动中创造一些人为的目的，比如，要孩子学一个一技之长、要孩子参加比赛、要孩子"好好听、好好学"，忽略孩子的兴趣，使他们陷入枯燥的技能训练之中。不要过早地让孩子从事专业体育训练，一位著名的网球教练曾说过："越早练网球，越早枯萎！"

（三）尽量不对孩子进行横向比较

为给孩子创造一个愉悦的运动体验，家长尽量不要将自己的孩子与其他孩子进行横向比较，毕竟跑得快、跳得远的幼儿永远是少数，这种"只有一个赢家"的竞赛是不适合幼儿发展的。同时，也要注意不要过多地对儿童的运动进行干预和评价，这可能会影响运动氛围，并导致幼儿过于在意家长的态度，而丧失运动本身的快乐。

第五节　孩子的运动才能来自何方

每个孩子的运动才能都受到遗传、营养、运动、家庭环境等多因素的影响，个体差异很大。无条件反射是有机体生来就有的、遗传的、不需要学习就会的先天性反射。在遗传性动作的基础上，个体借助触觉、视觉、听觉等多种感受器不断获得各种信息，通过各种活动不断地丰富和改变其原有的动作。遗传因素为运动能力发展提供了必要的前提和可能性，而这种可能性是否能转变为现实性，主要取决于后天的社会生活条件和教育的作用。要想使遗传具有的运动潜力转变为实际的能力，还要在实践活动过程中借助家庭、幼儿园、俱乐部、体校等的作用才能实现。

一、遗传影响

遗传指的是那些受基因决定的因素。身材、相貌、性别、肌肉的组成和反射、能量水平及生物节律等很大程度上受到了父母的影响。

遗传素质为个性的形成发展提供了物质的生理基础，天生的盲人不能成为画家，生来聋哑的人也不能成为歌唱家。在一定条件下，生理发育正常的人都可以成为具有某种才能、某种品德行为的人。另外，人与人的遗传素质存在一定的差异性。例如，人的高级神经活动的类型特点是各不相同的，这些差异是他们不同个性和心理的物质基础。

二、家庭环境的影响

家庭是社会生活的基本单位。家庭成员，特别是父母，是儿童最早的老师，他们对待运动的观点、态度和教育方法等都会对儿童有着潜移默化的影响。为此，学前教育学之父福禄培尔十分重视父母对幼儿体育活动的关心与指导。有研究表明，好运动的父母常常会带动孩子从小观看和参与体育活动。他们会给孩子购买运动器具以及适宜运动的服装和鞋帽，在家庭环境的布局上也会考虑孩子活动所需要的空间和安全性。

三、幼儿园和社会环境的影响

　　幼儿园是儿童成长过程中很独特的一个社会环境，园长、教师、保育员按照一定的教育和保育目的，通过一定的教育内容，并采取一定的教育方法，对幼儿施加有系统的多年（3年）影响。所以，幼儿园在幼儿的全面发展中起重要作用。幼儿园开展运动的时间多少、幼儿园的空间、器材布局、教师的态度和参与运动的情况等都会影响幼儿参加运动的积极性，进而影响到其运动天赋的发掘和开发。

　　除幼儿园外，居家小区的社区环境对孩子体育参与的影响也不可忽视。小区是否有适宜幼儿玩耍和锻炼的场地、器材，小区是否安全，是否有许多0~6岁的孩子生活在同一个小区内等，都会影响孩子对身体活动和娱乐的兴趣。

四、后天学习任务的影响

　　著名生理学家巴甫洛夫的条件反射理论告诉我们：中枢神经系统活动的基本原则是反射。条件反射建立的过程即学习过程。条件反射使机体具有更大的预见性、灵活性和适应性。在动物或人类进化过程中，习得的神经活动形式的比重逐渐增大，成为主导的活动形式；条件反射也日益复杂化、完善化，成为有机体更加完善、主动地适应周围环境的工具。教育心理学奠基人桑代克指出，人性只为教育提供了出发点，教育的真正任务是根据人的需要来逐渐改变人性。

五、个人努力的影响

　　环境和教育的影响只是学生个性形成和发展的外因，这种影响只有通过"内因"，即学生的主观能动性才能起到作用。应当说，学生的主观能动性是其个性形成和发展的动力。在相同的环境和教育条件下，由于人们对待环境教育的态度不同，形成的个性也不一样。学校和家庭对学生施加的影响，必须激起他们的主观需要，使合理的要求变成他们自己的兴趣和求知欲，并以此为动力，积极参加各种实践活动，在活动中锻炼自己的才干，陶冶情趣，发展个性。

总之，运动对0~6岁儿童的发展和成长有着不可估量的作用。与国外发达国家相比，我国幼儿在身体素质和运动能力上都有一定的差距，这其中受到养育孩子观念、教育理念以及体育运动的社会地位等多个因素的影响。由于儿童特殊的思维方式和生理构造，我们需要构建适合儿童身心特点和发展规律的体育活动方案，促进幼儿身心、情感和个性的健康发展。

本章小结

身体运动对幼儿而言，具有健身、健心、健脑和提高情商等多项功能；幼儿需要丰富多样的、不同于成人的运动体验，需要富于身体、认知和社交挑战的成长体验，更需要充满主动探索与尝试的自信体验以及充满想象与创造的快乐体验。幼儿的运动能力受遗传、环境、教育、家庭和个人努力等多方面的影响。父母应该为孩子创造一个让他们动起来的人文和自然环境，让孩子在运动中健康快乐地成长。

第二章

婴幼儿动作发展的意义和方法

　　动作是人类生活的一种基本现象,开始于母亲的子宫,到个体死亡时才会终止。"动作"这个词包含如下多种信息,如走、吃饭、画画、踢球、放风筝。动作是婴幼儿日常活动的基本形式,也是他们获得感官体验和表达能力的基本途径。

第一节　动作发展对婴幼儿成长有什么意义

格鲁佩（Grupe，1985）从人的日常生活实际出发，归纳出动作有四个维度的意义。

工具意义。触摸、制作、挤压、扮演等都是动作，包含了完成、体验、证明和改变什么的意思。人们骑自行车、赶车、跳舞、弹钢琴等，而这些活动包含了大部分不引人注目的动作。"只有当我们疲惫或者筋疲力尽时，我们才会感觉到自己的身体。"

感知和体验意义。通过动作来获取关于身体、事物的物理性质和对周围人的某些认知。

社会意义。通过动作和其他人建立人际关系（进行交流），或者通过动作把某些想法表达出来，如招手、拥抱、亲吻等，这些都具有传递信息的特征，属于礼仪。人们要使用它，就必须先掌握它的社会含义。

个体意义。在活动中通过动作不断地经历和体验自我，同时也改变和实现自我。动作在儿童发展上所起的作用可以进一步概括为表2-1的内容。

表2-1　动作对儿童发展的主要功能

项目	功能
个体功能	认知自己的身体并借此认知自身，区分身体的各种机能，形成自己的愿景
社会功能	和其他人一起做事，共同或面对面游戏，与别人交谈、协商、让步，以获取成功
创造功能	单独做某事，制作某个东西，完成某个动作（某项运动技能，如倒立、跳舞等）
表达功能	表达生活中产生的各种感觉和感受，放松身体并尽情享受

续表

项目	功能
感受功能	感受在生活中产生的各种感觉，如快乐、愉悦、疲倦和充满活力
探索功能	认知周围物质世界和空间世界，区分物体和器具并掌握它们的特征，适应周围环境的要求并融入其中
比较功能	和别人比较，相互估量、竞争，学会面对胜利或承受失败
调节功能	承受压力，了解体能极限，提高绩效，适应自己或周围环境施加的各种压力

第二节　婴幼儿动作如何分类

一、婴幼儿动作发展阶段

自出生后，随着年龄的增长，婴儿兴奋过程逐步增强，睡眠时间逐渐减少。与此同时，他们的动作能力也逐渐增强。格拉胡（Gallahue，1982）把婴幼儿的动作发展分为四个时期。

（一）反射运动时期

4个月胎龄到出生后1岁：身体运动以非自主性运动，如吸吮、眨眼、抓握等为特征。一些反射运动随着神经系统机能成熟而消失，一些保留终生（图2-1）。

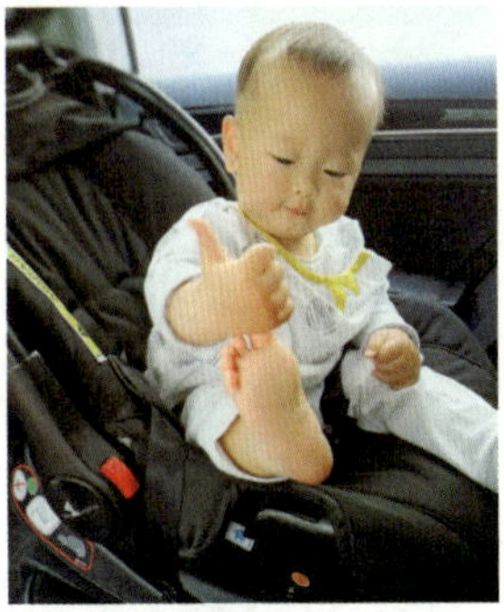

图2-1

（二）初步运动时期

从出生后 4 个月至 2 岁：学习对头颈部的控制、随意地抓握与放松，以及爬、坐、站、行走等动作与身体的移动（图 2-2）。

（三）基础运动时期

2 岁至 7 岁：开始学习多种动作的协调，出现自主性的协调运动，如跑、跳、扔、踢、伸展等（图 2-3）。

图 2-2

（四）与体育运动有关的能力专门化时期

7 岁至 14 岁以上：基础运动时期获得的基本运动技能结合协调成为复杂运动（如球类运动）的构成因素。基本运动技能结合协调成为复杂的运动极大地依赖环境与学习的机会。

图 2-3

二、婴幼儿动作分类

（一）从参与活动的身体部位来划分

1. 上肢动作，包括手部动作，如手臂侧平举、上举、环绕、抓、拍等动作。
2. 下肢动作，包括脚部动作，如踢、蹲、跑、跳、跨等动作。
3. 躯干动作，如转体、屈体、挺身等动作。
4. 综合动作，如爬、跳绳、滚翻等动作。

（二）从运动形式来划分

1. 静止动作，如支撑、悬垂、单脚站立等。

2. 移动动作，如跑、跳、爬等。

（三）从动作完成方式来划分

1. 平衡类动作，如单脚站立、走平衡木、闭眼走直线等。
2. 灵敏、协调类动作，如交叉步、绕障碍、跳房子等。
3. 力量类动作，如立定跳远、上楼梯、跳台阶等。
4. 综合性动作，如立卧撑跳、负重爬行等。

（四）从器材运动角度来划分

1. 徒手动作，如跑、跳、爬等。
2. 操控物体动作，如拍球、踢球、抛接球等。
3. 人与物协同的动作，如玩滑板车、平衡车、轮滑，骑自行车等（图2-4）。

图2-4

（五）按参与运动的肌肉大小来分类

1. 粗大动作，是指身体的大肌肉或肌肉群收缩产生的动作，包括行走、奔跑、跳等。
2. 精细动作，是指由小肌肉或肌肉群收缩产生的动作，包括画画、书写、缝纫、使用筷子等。

上述的动作分类中，按照参与运动的肌肉大小来划分最为简易、实用。这种分类方法的另一个好处就是较为明显地划分动作发展的秩序。比如，动作习得的发展序列通常是由更多的大动作开始，随着经验的积累和大动作的成熟，精细动作逐渐增加。但是，大肌肉动作与精细动作并不是完全割裂的两种动作，而是你中有我、我中有你，共同参与运动的，而且会随着动作技能的熟练产生变化。比如，我们会普遍认为踢球是一个大肌肉动作，这在动作的初级阶段也确实如此，不过随着动作水平的提高，对球的控制越来越精确时，脚部的动作就会越来越细小、精准。同样，有些我们一般认为是精细动作的动作，也含有大动作的成分。如弹钢琴。虽然弹钢琴时大部分动作是手指的精细动作，手指在钢琴上移动时，肩膀决定了手臂的位置，使其有利于手的工作，躯干和背部的大肌肉决定了身体的姿态。

第三节　粗大动作发展

一、粗大动作重要吗

目前和人类发展相关的主要领域包括认知、情感、动作、身体四个部分。这些领域彼此影响，贯穿一生。通过第一章大家已经了解到动作是开启心智、增进情感、发展认知和身体的第一途径。粗大动作的发展是婴幼儿动作发展中的首要任务。国际上现在普遍认同的观点是：在幼儿期应以粗大动作发展为主，不主张过早发展精细动作。这是因为粗大动作发展是婴幼儿大脑成熟的一项重要指标；粗大动作可以促进大脑协调发育，使人脑各有关部位的神经联系更加丰富，更加精确；粗大动作的发展有利于平衡感的建立和注意力的发展，对宝宝自信心的培养和独立性的形成具有促进作用。

二、何时发展粗大动作最好

孩子的动作发展是以大脑、神经、肌肉、骨骼和关节组织在结构上的完善为自然前提的，生理成熟是动作发展的必要的物质基础。动作发展的最佳时间是父母们关注的话题之一。可以说，出生后到3～4岁是粗大动作发展的最佳时期。

粗大动作发展有明显的年龄特点。每个动作的发展都是由不成熟向成熟方向发展的，并且有着一定的年龄特征（图2-5）。

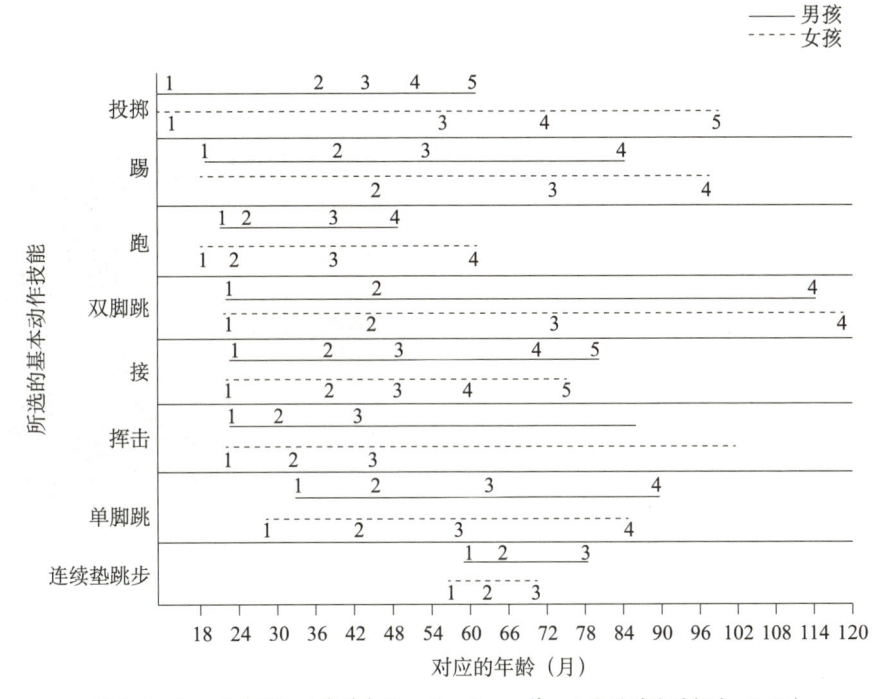

图2-5　粗大动作发展（资料来源：Greg Payne 等，人类动作发展概念．2008）

三、粗大动作发展的规律

最初的动作是全身性的、笼统的，以后逐步分化为局部的、专门化的。

从身体上部动作到下部动作，婴儿最早的动作发生在头部，其次在躯干，最后是下肢。其顺序是抬头、翻身、坐、爬、站、行走。

粗大动作的发展带有明显的秩序性。从动作发展的先后秩序来说，孩子一定是先会走路，然后才能奔跑；从每个动作的成熟度来说，也带有明显的秩序性，如最初的投掷动作就是"砍、切"状的动作模式，下肢没有参与、转体不够充分，最终发展到对侧脚在前、区块转动、手臂留后等成熟动作模式。

四、发展粗大动作有哪些手段

发展粗大动作的主要手段是动作练习与游戏。粗大动作练习可包括以下内容。

(一) 卧姿动作

1. 仰卧。
2. 侧卧。
3. 俯卧。
4. 翻身（图2-6）。

(二) 爬

1. 手膝爬行（图2-7）。
2. 手脚爬行（图2-8）。
3. 蠕行。
4. 向后爬行。
5. 猫爬。
6. 花样爬（障碍爬）。

图2-6

图2-7

图2-8

（三）坐

1. 抱坐。
2. 扶坐。
3. 独坐（7月）（图 2-9）。

图 2-9

（四）站

1. 扶站（图 2-10）。
2. 站立。
3. 单脚站立。

图 2-10

（五）走

1. 扶走。
2. 独立走（图 2-11）。
3. 向不同方向走。
4. 直线走（图 2-12）。
5. 曲线走。
6. 侧身走。
7. 倒退走。
8. 走平衡木。

图 2-11 　　　　图 2-12

（六）跑

1. 往返跑（图 2-13）。
2. 障碍跑（图 2-14）。
3. 追逐跑。

（七）攀登

1. 攀爬斜坡。
2. 攀爬网。
3. 攀爬矮攀岩墙。

图 2-13

图 2-14

（八）跳

1. 从上往下跳。
2. 双足纵跳。
3. 双足向前跳。
4. 单足纵跳。
5. 跨跳。

（九）投掷

1. 投远。
2. 投向目标（图 2-15）。

图 2-15

（十）翻滚

1. 前、后滚动。
2. 左、右侧滚动（图 2-16）。
3. 向前翻滚。
4. 向后翻滚。

图 2-16

（十一）玩器械游戏

1. 坐滑梯。
2. 荡秋千。
3. 蹬童车（图 2-17）。

图 2-17

（十二）运动技能

1. 用手或拍子抛／发／接球（图 2-18）。
2. 用手或拍子拍球（篮球、排球、乒乓球等）（图 2-19）。
3. 用脚运球、踢球（毽子）（图 2-20）。
4. 游泳。

图 2-18

图 2-19 　　　　　　　　图 2-20

五、粗大动作训练的原则及注意事项

(一) 原则

1. 循序渐进原则。安排孩子练习时要从简单到复杂、运动量从小到大、从单一动作到组合动作、从个人到小组。
2. 适宜性原则。所选择的运动项目、练习内容、练习方法、运动量的安排都要适合孩子的年龄特点、个体的身体状况以及所处的环境。
3. 趣味性原则。运动的方式、安排和设备使用等都要考虑孩子的喜好，通过有趣的情景、形象的比喻、夸张的动作等吸引孩子的注意，激发他们参与运动的兴趣和冲动。

(二) 注意事项

1. 动作技能训练时要突出重点，一次提一个要求，不可操之过急。
2. 注意上、下肢同步训练。
3. 以速度、灵敏和平衡性练习为主。

第四节　精细动作发展

精细动作是指那些主要由小群肌肉运动产生的动作。典型的精细动作是指与手有关的动作，如伸手够、握持物体，进食和书写。美国多数州都将精细动作划分为手眼协调，精细动作的力量与控制，运用工具，学会书写、绘画技能四类。

在婴儿期，精细动作发展过程最主要的一环是可以成功地伸手接触到一个物体，这个动作的完成代表着婴儿已经具备了整合外部知觉和自身动作的能力。随后几年里，这种基本的手—眼协调会逐步发展成更为精细和复杂的动作，当婴儿接近1周岁时，他们可以成功伸手够到并抓握呈现在视野内的物体，如玩具和食物；不久之后，他们可以使用书写工具（如蜡笔）进行涂鸦；再过几年之后，这些早期的精细动作会演变成各种文化范畴下特定的动作，如书写、使用餐具进食以及各种手势动作。

一、精细动作发展好就聪明吗

何谓聪明？是指孩子反应快、记忆力好、逻辑思维能力强吗？智力发展过程首先是一种行动过程，而感知和操作本身就是一种行动、一种智力发展过程。人体各部位的功能如视觉、语言、手指的运动中枢等在大脑皮层各有其相应的部位，其中手指运动中枢在大脑皮层中所占的区域最广泛。因此，有研究证明，手部的精细动作发展与认知能力发展之间有一定的正相关。但是大脑的功能定位不是一成不变的，经常使用的部位，获得的刺激和经验丰富，大脑相应的部位就会发达，反之，如果始终得不到外界的刺激，原有的功能区域就有可能不复存在。

二、是不是越早发展精细动作就越好

正如前面提到的，在孩子还不具备一定的能力时过早开发并不能取得希望的效果。发展精细动作也一样需要遵循手指功能发育的一般规律。一般而言，婴儿从3个月起开始出现一种手的不随意的抚摸动作，5个月以后才出现带有一定随意性的动作。五指的分工要到半年以后才出现（表2-2）。

表 2-2　手功能发育的年龄特征

月份	功能
1	两手握拳，刺激后握得更紧
2	两手依然呈握拳状态，但紧张度逐渐降低
3～4	能将双手放到面前观看并玩弄自己的双手，出现企图抓握东西的动作
4	能在拇指的参与下抓住物体
5	能抓到一臂距离之内的物体
6～7	能在双手间有意识地准确地传递物体
8	能用拇指和其余四指抓取物体
9～10	能用拇指和其余四指抓取物体
10	能主动松手放弃手中的物体
10～12	能握笔涂鸦，会几页几页地翻书
24	能叠 6～7 块方木，逐页翻书
24～36	能叠 8 块方木，临摹画直线
36	能叠 9～10 块方木，临摹画 "O" 和 "+"
48	能自己穿衣，画正方形及简单的人
60	能写简单的字，画人的部位增多
72	能画三角形以及房屋、汽车、花草等

三、发展精细动作有哪些手段

（一）抓握和伸够动作

1. 抓握动作。人们普遍认为，新生儿早期的抓握反射是后期各种抓握动作发展的基础。正常情况下，在怀孕 5 个月时就可以发现胎儿的抓握反射。这种反射随着随意运动的出现而逐渐减弱。

婴儿最早的抓握动作是全手掌抓握，4 个月大的婴儿可以系统地根据物体的特征来改变自己的抓握动作。6 个月左右发展为拇对掌式抓握，然后出现手指钳捏式抓握。到 1 岁左右，婴儿的抓握动作已经演变成了随意的、具有适应性的行为，这种基本的手指和手掌之间的协作保证了婴儿能够得到和操作各种大小、形状的物体。在此基础上，各种各样生活中需要的精细动作逐步发展起来（图 2-21、图 2-22）。

2. 伸够动作。对于婴儿来说，想要获得食物或者其他东西，如何让手接触到物体，也就是伸够动作的发展，也很重要。婴儿期伸够动作的发展可以分为三个阶段：前伸够阶段（出生至三四个月）、成功伸够阶段（4 个月左右）和熟练伸够阶段（4~7 个月）。

图 2-21

（二）使用工具的动作发展

1. 使用勺子。
2. 使用筷子。
3. 握持书写工具。
4. 其他，包括绘画、书写动作的发展和双手的协调发展。

图 2-22

前面介绍了动作发展的一些具体手段。任何一种运动能力的发展，都是由任务的特殊要求、儿童个体的身心发展状况以及所处的环境条件（包括成人的指导、运动的条件、机会等）这三方面互相作用的结果。图 2-23 告诉我们，发展动作不仅是通过"教动作"这一手段，还包括对环境、任务的控制。如学习爬楼梯这一动作，在学习这个动作时，楼梯是必须存在的。一个新的粗大

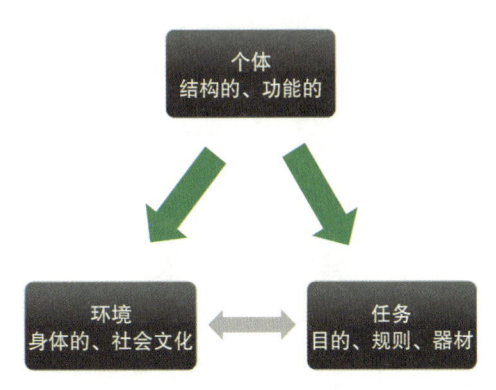

图 2-23 Newell 动作发展约束模型

动作的动作技能的活动，至少要有在一个给定的环境中执行此项动作任务的机会。创设充满探索性、挑战性的环境是促进动作发展的有效手段，这一部分内容将在环境创设部分向大家介绍。

本章小结

动作发展对幼儿的身体健康、学会使用工具、认识自我和社会、结交朋友等都有着非同寻常的价值。幼儿的动作通常分为粗大动作和精细动作，这两种动作对大脑的发育和认知能力的提高都有积极的作用。在4岁前应该以粗大动作发展为主。

第三章
孕 / 产妇与胎儿健康

　　健康的母亲孕育健康的儿女。孕妈的运动是对胎儿进行间接的胎教。孕期适当、科学的运动，可为胎儿提供足够的营养，让其大脑、骨骼和其他器官健康发育，对孕妇的体重控制、身心健康、分娩过程和顺利产后复原也有积极的促进作用。

第一节　备孕期的健康和身体运动

备孕夫妻经常锻炼身体，不但能保持身体健康、控制体重，还能提供健康、活跃的精子和卵子，为孕育健康聪明的宝宝打下基础。另外，运动还有助于产妇的产后恢复和减肥。

一、备孕期间怎么做

（一）未来爸爸

很多人都知道，吸烟、久坐、辐射会影响精子质量。通常抽烟、喝酒、久坐的男性往往缺少锻炼，导致身体肥胖，继而因为腹股沟处的温度升高，影响精子的成长。男性过于肥胖，会使体内雄性激素减少，妨碍精子生成，影响精子质量，肥胖还可能诱发高血压、糖尿病，这些病症都有可能引发性功能障碍。

运动可帮助男性提高精子活力和质量。有规律的运动不仅可以保持健康的体魄，还有助于减压、保持愉快的心情。适合备孕期男性的运动项目有跑步、篮球、游泳、俯卧撑、哑铃、单双杠等。每天运动时长以30~45分钟为宜。

（二）未来妈妈

女性怀孕后身体要经受巨大变化和承受各种风险，对心血管和呼吸系统、肌肉和骨骼系统、内分泌系统等都提出了很高的要求。

1. 妊娠和生育可能面临的风险有以下几点。

1）孕妇静息状态下通气量及耗氧量增加，孕期容易发生多种肺部疾病，其中急性肺水肿是导致孕期和产后女性转入ICU（重症监护室）的最常见原因之一。

2）妊娠时血容量增高，凝血功能亢进，因此妊娠期发生贫血及血栓性疾病的风险增高。

3）妊娠时人体对于葡萄糖的代谢能力降低，容易发生妊娠期糖尿病，而且糖尿病患者怀孕之后，血糖控制的难度也相应增大。

4）妊娠期肾脏负荷增高，孕前有肾脏功能不全的女性，怀孕后肾脏损害通常会加重。

5）妊娠晚期，孕妇增加的体重对于骨骼肌肉系统是一个挑战，很多人会有腰背部不适或者骨盆疼痛的症状。

2. 运动对孕妇的好处有以下几点（图3-1）。

1）提高女性的心肺系统功能。

2）加快身体的能量消耗，让糖原快速分解成能量，降低怀孕后出现妊娠糖尿病的可能性。

图3-1

3）缓解疲劳，提高新陈代谢的水平，分泌多巴胺等让人兴奋的激素，让女性保持快乐的情绪。

因此，备孕女性应该在孕前加强体育锻炼，让自己有强健的肌肉、骨骼、心脏以及其他器官，为怀孕和生育做好准备。

二、妊娠与女性身体储备

良好的体能储备和肌肉力量可以帮助产妇有效地缩短产程，确保分娩顺利完成。美国妇产科医师协会(ACOG)研究显示：一组女性每周进行三次中度锻炼；另一组女性没有运动，只是进行例行的关于营养和身体活动的产前检查，运动组的孕妇开始分娩第一阶段（子宫颈全口分娩的开始），比没有运动的女性缩短了53分钟。受影响的不仅仅是生产的第一阶段，运动组女性的总生产时间比不锻炼的女性短了57分钟。

适宜备孕女性选择的有散步、健美操、瑜伽、游泳、慢跑等运动和腰腹部、腿部等力量、柔韧性训练。这些锻炼有助于提高女性免疫力，保持身体的良好状态，不仅可缓解将来孕期的不适，还有助于自然分娩。

（一）腹背部训练

加强腹部和背部肌肉的力量，对怀孕时日渐加重的腹部大有益处。可选择的练习有以下几种。

1. 仰卧起上体，一肘部触对侧膝（图3-2、图3-3）。

图3-2   图3-3

2. 仰卧，双手置于臀部下方，屈膝收腿或直腿举腿（图 3-4、图 3-5）。

图 3-4

图 3-5

3. 俯卧，上体或/和双腿向上抬起。

4. 相关瑜伽体式训练（图 3-6）。

图 3-6

（二）腿部训练

腿部训练能提高肌肉力量和弹性，提升血液回流能力，减缓下肢水肿。

可选择的练习有以下几种。

1. 双脚分开同肩宽，后背靠墙，半蹲状维持一定的时间（从 10 秒到 60 秒不等）（图 3-7）。

2. 骑自行车。

3. 慢跑。

4. 站立或坐位体前屈。

5. 分腿坐，上体向前弯曲。

图 3-7

6. 相关瑜伽体式训练。

(三) 注意事项

1. 如果感觉有任何不适，马上停止运动，并向医生咨询。
2. 每周至少锻炼3次，每次20~30分钟。
3. 运动时要穿宽松的服装和性能好的运动鞋。
4. 在运动期间要喝足量的水。
5. 监测脉搏数，将脉搏数控制在本人最大运动心率值的65%~85%（最大运动心率=220－岁数）。以30岁女性为例，她的目标心率为123.5~161.5次/分钟。
6. 天气闷热潮湿时，降低运动强度或不运动。

第二节　孕期健康与身体运动

一、孕期运动对胎儿和生产有什么影响

从受精卵发育为初具人形的时期为胚胎期（0~8周），从孕第9周到胎儿出生的时期为胎儿期。胚胎期标志着个体的形成，胎儿期则主要关系到在胚胎期已开始出现的器官和组织的继续生长和分化。

(一) 孕期运动对胎儿的影响

在人体生长发育的过程中，中枢神经系统发育最早，其次为心脏、手臂和腿。孕期运动对胎儿有什么影响呢？

1. 体重控制。孕期体重控制，不只是为了让孕妈妈产后容易恢复，也是生出聪明宝宝的关键。胎儿脑容量跟出生时的体重有关，但孕期体重失

控，也会提高孕妈妈患各种妊娠并发症的风险。怀孕初期的孕妇并不需要增加热量摄取，因为这时期胎儿的主要营养来自卵黄囊。

2. 心脏健康。美国2008年进行了一项创新性的研究，发现每周至少运动3次、每次至少30分钟的孕妇，在最后几周内胎儿的心率较低（心脏健康发展的标志）。

3. 促进血液循环，增加胎盘的供血量，促进胎儿发育。适量的运动不仅可以增加孕妇的身心健康，还可以增加血液供氧量，加快新陈代谢，从而促进胎儿生长发育。

4. 促使胎儿吸收钙。适量的户外运动可以呼吸新鲜空气，阳光中的紫外线促进体内钙、磷的吸收。十分有利于胎儿骨骼发育。

5. 有助于胎儿良好个性的形成。适量的运动会使孕妇心情舒畅，减少情绪波动，有利于胎儿良好性格的养成，是一种很好的胎教形式。

6. 促进胎儿大脑发育。孕妇运动可向大脑提供充足的氧气和营养，促使大脑释放脑啡肽等有益物质，胎儿通过胎盘吸收。孕妇的运动造成羊水晃动，可刺激胎儿全身肌肤，促进大脑发育。

（二）孕期运动对生产的影响

1. 减轻早孕反应和孕期不适。适当参加一些轻缓的活动，如散步、做孕妇瑜伽等，可改善心情，强健身体，减轻恶心、呕吐、乏力、食欲不佳等症状。

2. 增加力量和耐力，尤其是大腿肌肉和骨盆底肌的力量，有助于分娩。

3. 调节心情，缓解紧张焦虑情绪，减少孕期抑郁及产后忧郁症的发生。激素分泌水平的变化、遗传倾向性和社会因素都会导致孕妇出现持续的易激惹、惊恐不安和无法应对压力等症状。美国密歇根大学进行的一项研究发现，瑜伽能减轻孕妇的抑郁症状，还能增进母婴关系。

4. 降低孕期并发症。美国疾病控制预防中心研究发现，在怀孕期间锻炼也可以帮助孕妇降低妊娠期糖尿病、子痫前期和剖宫产的风险，还能减轻背部疼痛，增进心脏和血管健康等。

5. 有利于产后恢复。孕妇经常做一些适合、适量的运动，有利于顺产和产后快速瘦身。西方普遍的观点是孕前做什么运动，孕后可以继续进行，没有必要人为地改变。但孕妇要注意自身的感受，调整和控制自己的运动强度和运动量。

二、孕期运动的一般原则

（一）运动时间、强度和频率

美国妇产科医师协会2002年对妊娠期运动和锻炼的频率、强度做了规定：采用中小强度的锻炼方式，每周至少3次，最好是间歇性的活动。建议运动时脉搏不能超过140次/分钟，但对每次运动的时间没做明确要求。

我国北京协和医院的郎景和院士认为，孕妇无论进行怎样的运动，每运动15分钟应休息1次，经过5～10分钟时间来降低体温，然后再继续运动，因为孕妇体内温度高于38.9℃会增加胎儿先天性异常的发病率，特别是在胎儿器官形成的孕期最初3个月内。一般规定妊娠期体温不应超过38℃。

（二）孕期身体姿势

随着胎儿月份的加大，胎儿重量增加，准妈妈们身体重心会前移。身体重心改变后，准妈妈们背部压力越来越大，可能出现过度拱背，这种不良的站姿极易造成腹肌松弛无力、腰背疼痛、骨盆前倾、产后不容易恢复体形。为避免背部弯曲，设法保持背部挺直是非常重要的。

1. 站姿。正确的站姿可以帮助准妈妈们把胎儿的重量均匀分布到大腿、臀部、腹部的肌肉，并且受到多部位骨骼肌肉的支撑，减轻腰背疼痛。站立时双脚微打开，宽度基本与肩相同或自己觉得舒服的距离，双膝自然弯曲，避免膝关节僵直。

2. 坐姿。正确的坐姿可以改善下半身的血液循环，有意识地增加大腿内侧肌肉和背部肌肉力量和柔韧性，可以在分娩时更好地分开双腿及用力。

1）蝴蝶式坐姿。腰背部挺直，脚心相对，尽可能贴近身体，用两肘抵住大腿内侧并轻轻下压，膝关节尽量贴近地面，大腿根部韧带有轻微拉伸感，保持15～20秒后放松一下，并重复5次左右。

2）简易蝴蝶式坐姿。孕中期及孕晚期有些准妈妈双腿（脚）有浮肿的现象，很难双脚相对，可以采用简易蝴蝶式坐姿，在膝关节大腿外侧两边各垫上一个枕头或者靠垫，同时采用双脚脚心相对，感受大腿根部的拉伸感，此时一定要注意腰背部的挺直（图3-8）。

图3-8

3）简易莲花坐。小腿不要交叉重叠，前后平行而坐，双手自然放在膝关节上，轻微向下按压，保持背部挺直。此时注意更换小腿前后位置（图3-9）。

3. 蹲姿。蹲姿训练可以使骨盆更灵活，大腿后群肌得到更好的锻炼。蹲姿也是最接近生产时的姿势。

1）辅助性下蹲。保持背部挺直的情况下，可以利用身边的能支撑的物品，如桌子、椅子、楼梯扶手等，两腿向外缓慢下蹲。

图3-9

2）自主性下蹲。保持腰背部挺直，两腿外展并且下蹲，双肘可分别向外压迫大腿内侧，感受大腿内侧肌肉拉伸的舒展，这种姿势在家比较常用，如择菜、洗衣服等。只要觉得舒服，可以保持时间长一些。起来时要缓慢，最好可以扶着东西或者有家人帮助。

4. 卧姿。整个孕期应尽量减少仰卧，特别是孕晚期，增大的子宫容易压迫下腔静脉，引起下肢回流受阻，减少胎盘血流，一般来讲，孕期子宫容易右旋，所以建议多采用左侧卧位，当然这也不是绝对的，主要还是要根据准妈妈自己的舒适度来选择，也可在后背垫些垫子。

三、不同孕期如何安排身体活动

（一）孕早期（0～16周）身体活动

孕早期胎盘还没有完全形成，这时最容易发生流产。因此，一定要选择适宜的运动，如散步、徒手体操等。运动时要格外小心，尽量减少跑步、跳跃等高强度的剧烈运动，以免过于激烈引起流产。

1. 伸展运动。

目的：伸展脊柱，缓解孕期疲劳，伸展肌肉，增强骨盆肌肉韧带力量。

方法：双手叉腰，双脚与肩同宽，微屈膝关节，保持2秒，还原站立姿势且重复4次。双手交叉上举，双脚与肩同宽，微屈膝关节，保持2秒，还原站立姿势且重复4次。

2. 腰背运动。

目的：牵拉腰背部肌肉，缓解腰椎压力，拉伸大腿内侧肌肉，增强腿部力量。

方法：双脚分开略宽于肩，双手撑于膝关节，保持背部挺直成半蹲状，两肩部交替向对侧转动，感受背部肌肉拉伸，重复8次。

3. 盆底肌拉伸。

目的：增强骨盆底肌对子宫的支撑，预防孕期痔疮、漏尿，加速产程。

方法：在站立、仰卧、坐姿、排小便等情况下，收紧骨盆底肌（类似于终止小便，用力收紧肌肉）数秒，然后还原放松肌肉，交替重复至少5次。

4. 大腿内侧拉伸（图 3-10、图 3-11）。

目的：拉伸肌肉韧带，有利于分娩。

方法：双脚分开宽于肩，双手撑于膝关节，保持背部挺直成半蹲状，重心左移拉伸右腿韧带，重心右移拉伸左腿韧带。

图 3-10 　　　　　图 3-11

5. 背部拉伸（图 3-12、图 3-13）。

目的：增强腰背部力量，减轻腰椎压力，改善骨盆前倾状态。

方法：双手双膝着地，背部放松，吸气，低头弓背，保持数秒。呼气，抬头放松。缓慢连续做 8~10 次，休息。

图 3-12 　　　　　图 3-13

(二) 孕中期身体活动

孕妇操是大家最常做的，动作要温和，不宜餐后马上进行，要量力而行。

游泳对孕妇有许多好处，有以下几点（图 3-14）。

1. 水中体位的变化，有利于纠正胎位，促进顺产。

2. 增加肺活量，让产妇分娩时能长时间憋气用力，缩短产程。

3. 可逐渐消耗体内过剩的热量。

4. 可改善情绪，减轻妊娠反应，减少孕期头痛，对胎儿神经系统的发育也有良好的影响。

5. 可减少胎儿对直肠的压迫，并促使骨盆内血液回流，有防止便秘、下肢浮肿和静脉曲张的作用。

图 3-14

6. 沉重的妊娠子宫受到水浮力的支持，能够减轻支撑妊娠子宫的腰肌和背肌的负担，从而缓解或消除孕期的腰背痛症状。

7. 游泳时，全身肌肉都参加了活动；再加上水对皮肤血管的"按摩"，可加快血液循环，既增强孕妇体质，又有利于胎儿发育。

8. 帮助孕妇保持健美的体形，尤其对分娩后的体形恢复有好处。

不会游泳的孕妇也可以在水中行走，利用水的浮力减轻自身重量对背部的压力。

（三）孕晚期身体活动

孕晚期可做散步、游泳、伸展操等。有利于加强盆底肌及大腿肌肉力量，为分娩做准备。

孕期运动好处多多，但也要注意正确的方式方法，听从医护人员的指导，保障安全有效地做运动，运动中如出现腹痛、阴道痛或出血，应立即停止运动静卧休息，情况严重者应立即就医。

四、孕期特殊情况如何安排身体运动

（一）出现先兆流产还能做运动吗

流产之前出现的一些症状，统称为先兆，最常见的表现就是不规则阴道点滴出血。当出现先兆流产时，要注意休息，避免不当的运动，避免颠簸和振动，尽量减少做下蹲动作。

（二）患有妊娠期高血压疾病能否运动

在妊娠及分娩过程中，人体血容量增加，心脏负荷增大，可能出现妊娠期高血压疾病。妊娠期高血压疾病是妊娠期妇女所特有而又常见的疾病，以高血压、水肿、蛋白尿、抽搐、昏迷、心肾功能衰竭，甚至发生母胎死亡为临床特点。

妊娠期高血压疾病患者可以进行体育锻炼，但注意不要动作过猛，如进行低头弯腰、体位变化幅度过大以及用力屏气的动作，以免发生意外。下面的练习可以进行。

1. 散步。散步可在早晨、黄昏或临睡前进行，时间一般为15～50分钟，每天一两次，速度可按各人身体状况而定。到户外空气新鲜的地方去散步，是简单易行的运动方法。

2. 慢跑。慢跑的运动量比散步大，仅适用于轻度患者。慢跑时最高心率每分钟可达120～136次，长期坚持锻炼，可使血压平稳下降，脉搏平稳，消化功能增强，症状减轻。跑步时间可由短逐渐延长，以15～30分钟为宜；速度要慢，不要快跑；不宜长跑，以免发生意外。

3. 太极拳。太极拳动作柔和，全身肌肉放松能使血管放松，有利于血压下降；打太极拳时用意念引导动作，思想集中，心境宁静，有助于消除精神紧张因素对人体的刺激，有利于血压下降；太极拳包含着平衡性与协调性的动作，有助于改善患者动作的平衡性和协调性。太极拳种类繁多，有繁有简，可根据状况自己选择。

（三）患有妊娠期糖尿病能否运动

1. 什么是妊娠期糖尿病？妊娠可引起机体内环境的改变，导致胰岛素敏感性降低，为妊娠期糖尿病的发生提供了诱因。妊娠期糖尿病对母婴的影响及影响程度取决于糖尿病病情及血糖控制水平。适宜的孕期体重增加范围是胎儿正常发育和孕妇在孕期适应性良好的重要指标。大量研究表明，孕妇肥胖或体重增加过多，妊娠期糖尿病发生的风险就大大增加。肥胖孕妇或孕期体重增加过多的孕妇因体脂过度增加导致代谢异常和胰岛素抵抗，由此引起血管内皮损伤是引起妊娠期糖尿病的重要原因。

2. 运动是糖尿病基础治疗措施之一。运动可以提高胰岛素的敏感性，减轻胰岛素抵抗，控制血糖平稳，控制体重增长，以降低妊娠期糖尿病发病风险，保证胎儿正常生长发育。

3. 饭后 30 分钟开始运动。可选择散步、游泳、广播体操、孕妇瑜伽等中等强度运动。运动量控制在周身发热、微出汗、能说话的状况，持续时间 30~60 分钟，频率是每周 4~5 次。

不要在空腹时运动。患有心脏病、宫颈机能不全、前置胎盘、视网膜病变、多胎妊娠、妊娠期高血压疾病的患者，不建议运动。

第三节　产后健康与身体运动

一、产后何时恢复身体活动

一般生产后的第 1~3 天产妇比较疲劳，应保证充足的睡眠，休息好后就可以起床做一些轻微的活动，对促进血液循环、组织代谢和体力恢复有很重要的意义。

二、产后如何借助身体运动来复原体形

（一）第一周

1. 盆底肌训练。缓慢练习盆底肌（训练方法前面提到，不在此赘述），

每天尽可能多地锻炼盆底肌肉,帮助产妇消除不能控制的漏尿问题。这个练习要一直坚持做下去,最好可以坚持到产后3~6个月。

2.踝关节运动。踝关节用力,两脚向上弯,再向下绷直,两脚交替练习,防止腿部肿胀,改善血液循环(图3-15)。

3.腹肌练习。缓和增强腹肌,当呼气时紧缩腹部肌肉,保持8~10秒后放松。

图3-15

(二)第二周

每项运动尽量多地重复次数,以舒适不累为限度。

1.侧腰腹训练。仰卧,两臂在身体两侧,头部、上肩部微微抬起,右手由同侧大腿外侧顺滑到膝关节或小腿,保持3秒后,左手由同侧左大腿顺滑到膝关节或小腿,保持3秒。重复上述动作,连续5~8次后仰卧并休息(图3-16、图3-17)。

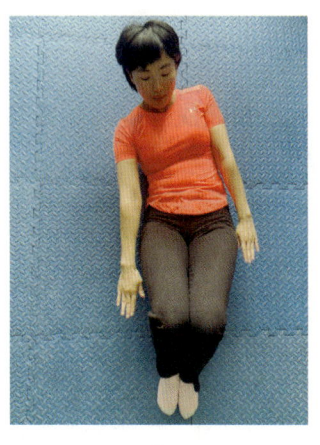

图3-16　　　　图3-17

2.腹直肌训练。仰卧屈膝,双手放于大腿前侧,上肩部抬起,双手由大腿前侧顺滑到膝关节,保持3秒后,上肩部缓慢下落,重复上述动作,连续5~8次后仰卧休息(图3-18、图3-19)。

图 3-18　　　　　　　　图 3-19

分娩后，每天做些缓和的运动，产后 6~12 个月体形可以恢复正常，尽管身体肌肉不像以前那样结实，只要养成运动的习惯，循序渐进坚持下去，很快就能恢复到以前的身体状态。一般来说，产后女性的身材问题主要是胸部下垂、腹部赘肉、妊娠纹以及臀部下垂等。通过俯卧撑（跪式俯卧撑）、卧推等胸部力量训练，能更好地促进产后身体恢复，提高肺活量，增强心脏摄氧能力，以及更好地保持身体形态。

三、哺乳期运动

（一）哺乳期运动的好处

哺乳期进行适宜的体育锻炼，可帮助产妇快速地恢复身体形态和功能，消耗因怀孕产生的过多脂肪，还有利于调节情绪，保持良好的心情，有利于乳汁分泌。

（二）运动注意事项

1. 循序渐进，持久"抗战"。生产后身体在慢慢地恢复，刚开始运动时身体会感到累和不适，可以从简单的拉伸和散步开始，逐步增加运动量和难度。选择适合自己的方式、方法进行运动，不必模仿他人。

2. 运动之前，可以先喂一喂宝宝，或者用吸乳器将乳房中的奶水吸出来一些。研究发现，运动时母乳所含的蛋白质、乳糖、脂肪、钠、钾、钙、磷、镁等并不受影响，不过在剧烈运动之后乳酸会增加，哺乳期的妈妈要休息至少 90 分钟才可以哺乳。哺乳期运动有以下几个注意事项。

1）哺乳期减重。一定要等身体恢复以及与宝宝已经建立起稳固的喂养关系之后再进行减重，切不可操之过急。

2）避免剧烈运动。在身体还没有完全恢复的情况下，运动幅度过大可能导致手术创面或外阴切口再次遭受损伤，剧烈运动还会导致子宫下垂、肌肉韧带松弛等。

3）运动中要适当补水。产妇要特别注意补水。一般每 15～20 分钟可以补充 100 毫升水。如果出汗较多的话，可以适当饮用一些含电解质的饮料。

（三）剖宫产后身体运动

1. 无论是做哪一种产后运动，都应该先获得医生的许可，尤其是剖宫产。运动量过大，可能会让伤口的缝合线裂开。大多数新手妈妈在进行剖宫产后，需要至少复诊一次，确保身体恢复良好。手术后至少 6 周才开始做有一定强度的运动。在这之前，他们一般只能进行非常温和的活动，如散步。

2. 锻炼方法有以下几种。

1）快走。快走是非常安全、有效的运动方式。这项运动的强度不高，可以帮助你在手术后慢慢恢复身体状况。

2）游泳或水中有氧运动。水中运动的冲击力比较小，可在水中做一些小强度、风险低的有氧运动。

3）自行车。在健身房和家里蹬自行车，或在平地、缓坡骑自行车。

剖宫产后进行运动，可从舒缓的练习慢慢过渡到更为剧烈的运动。从有氧运动开始，逐步做难度更大、冲击力更高的运动，如跑步、爬楼梯、跳舞等。

3. 推荐锻炼的肌群和方法有以下几种。

1）臀大肌。

方法：平躺在地上，双脚打开，膝盖屈起至与地面成 45°。将臀部抬离地面，收紧下腹肌肉。将臀部抬至与上半身呈一条斜直线。保持这个姿势几秒。慢慢地将臀部放下，回到地面。重复多次（图3-20、图3-21）。

图3-20　　　　　　　　图3-21

2）盆底肌。

方法：收紧你用来憋尿的肌肉，感受盆底肌的所在位置，收紧5秒。轻轻地放松肌肉。想重复多少次就做多少次，这个运动随时都能做。

3）背部肌肉。

方法：站直，双脚打开至与肩膀同宽，双手放在臀部，双臂高举过头，慢慢向前弯腰，直到上半身与地面处于同一水平，保持背部挺直。重复3组，每组4～8次。

4）平板支撑。

方法：做俯卧撑的姿势（膝盖和手掌贴地）。身体往下，屈起手肘，用手肘撑地。同时将膝盖抬离地面。保持这个姿势30～60秒，继续收紧腹部和臀部肌肉，保持身体挺直（图3-22、图3-23）。

双脚、臀部和肩膀应该呈一条直线。重复2～4次。这个练习不会对伤口造成压力。

图3-22　　　　　　　　图3-23

本章小结

准父母备孕时需要确保自身的健康处在最佳水平,而运动是保障健康最为有效和积极的手段。怀孕和生产对准妈妈的身体和心理都提出了巨大的挑战,带来了难以想象的风险。为了宝宝和自身的健康,孕前、孕中和产后的女性都要保持适度的身体运动,只是不同时期的运动量和强度以及活动方式会有所不同。运动对于减重和身体形态的恢复以及妊娠期糖尿病、产后抑郁症的治疗等都有积极的作用。

第四章

0~10个月宝宝如何运动

生命的前6年如黄金般贵重,宝宝们每分每秒都在飞速成长,其运动能力也是如此。而每一个孩子都有自己的成长轨迹,父母们要关注孩子运动能力的发展,但不必为此过分担忧。本章为父母们提供一些小月龄宝宝运动发展的知识和方法。

第一节　宝宝的动作发展是否"达标"

很多父母在孩子出生后就陷入紧张焦虑中,生怕自己孩子哪点不够好,"输在起跑线上"。初为人父、人母的家长们要减少焦虑和恐惧,就必须了解孩子的生长发育规律。例如,新生儿一出生就有一些条件反射,如觅食反射、吸吮反射、握持反射、拥抱反射、踏步反射等,他们在这些先天的条件反射上,实现与所处环境的平衡从而得以生存。瑞士心理学家皮亚杰认为,1~4.5个月内,新生儿在先天性条件反射基础上,通过机体整合作用,将个别动作联结起来形成新的动作,但此时尚缺乏目的性。这些初始的运动能力使他们探索周围环境并与之互动。从运动行为角度来讲,0~10个月孩子的动作发展按照一定的顺序进行(表4-1)。

表4-1　0~10个月婴儿动作发展顺序

运动行为	平均年龄（按月计）	年龄范围（按月计）
头部直立稳定	1.6	0.7~4
能支撑坐（放在有支撑的位置上）	2.3	1~5
抬起头部和肩膀,前臂全部用于俯卧	3.5	2~4.5
独自一人能坐一会儿	5.3	4~8
往一个方向伸手	5.4	4~8
翻滚（从后到前）	6.4	4~10
爬行/拉着能站起来	8.1	5~12
围着家具走	8.8	6~12

我们可以进一步将0~10个月孩子划分为三个不同阶段,每个阶段的动作发展具有其自身的特征(见表4-2、表4-3、表4-4)。

表 4-2　1～3 个月婴儿动作发展特征

月份	趴	头部移动	肢体动作
1	抬头 1～3 秒钟	视线能追随目标移动	—
2	能抬头与床面成 45° 角	跟随移动的物体移动头部	开始出现交替踢腿动作，双拳可张开
3	能抬头与床面成 90° 角；能在俯卧位与侧卧位之间转换，并很快发展到能自由地翻身，即仰卧位向左右翻身	在直立抱起时能竖起头	手指相互接触，查看和探索手脚；当仰卧时将腿提升到垂直位置并抓握脚；伸出手，触摸并开始握住物体。用嘴探索物体，通常拾取物体并将其放在嘴上

表 4-3　4～7 个月婴儿动作发展特征

月份	爬行	翻身	坐	手部动作
4	趴下时能用双上臂支撑起上身	—	—	手持物可有意识地晃动
5	有意识地爬行	完成仰卧位到俯卧自主翻身	可扶着坐起，但独立坐时，身体会前倾	能伸手够东西
6	手膝爬行	—	能坐稳片刻	能自己拿东西吃
7	能上身离开地面爬行	多体位翻身	能挺直上身稳定地独坐	两手同时各握玩具相互敲打

* 从表 4-3 可以看到，4～7 个月的婴儿从趴到坐的转换阶段，躯干和上肢发展领先于下肢，虽然在 5～6 个月时，在两腋下被人扶持且兴奋的情况下，可出现上下跳跃动作。

表 4-4　8～10 个月动作发展特征

月份	爬	站	手部动作
8	能用两上肢向前爬	扶站、拉起站立，扶住家具或找人支撑	将玩具从一只手传递到另一只手；坐位伸手够东西
9	手脚爬行	扶起站立	手指灵活性加强，每只手握住一个物体，并将它们放在一起

续表

月份	爬	站	手部动作
10	—	扶起站立片刻；站立到独坐；能在搀扶下走几步	拇指和其他手指并用取出小物体；使用整只手（掌）握住笔或蜡笔，并用不同的笔画随意制作标志；享受在潮湿的沙子、糊状物中玩耍的感官体验

* 从表4-4可以看到，8～10个月的婴儿开始从坐到站的转变，他们的视野范围变大，手指也变得更加灵活了。

第二节　如何促进宝宝的动作发展

探索、重复和改进动作有助于婴儿掌握如何控制自己的身体，并为学步时期和学龄前时期更纯熟的运动表现提供基础；婴儿积极参与体育的刺激性体验，会对大脑发育产生好的影响。

婴幼儿动作发展有一定的规律，如从上到下，由远到近，从不协调到协调，从正面动作到反面动作。具体而言，先能抬头、双手取物，后会坐、站、走；先能抬肩，后会手指取物；先能看到物体但不能拿到手，后发展到手眼协调；先学会手抓东西，后放下手中东西；先会向前走，后会倒退走。

特别值得注意的是，两个月的婴儿特别喜欢看自己的手、玩自己的手、吸吮自己的手，这是婴儿心理发展的必然阶段，不仅不能干涉，还可以提供条件协助宝宝玩手，比如，手上拴个红布，戴个哗啦作响的手镯等。

另外，对这个阶段的孩子而言，爬行是一项非常好的全身运动。爬行时身体各部位都要参与进来，肢体相互协调，身体平衡稳固，姿势不断变换，不仅可为以后的站立行走做准备，还可促进小脑平衡功能的发展，手、眼、脚的协调运动也促进了大脑和神经系统的发育。有研究发现，一些多动症的孩子在婴儿期不会爬或没有经过爬行的阶段。爬行还可以促进婴儿的位置视觉，产生距离感。婴儿在会爬后，自我独立探索的范围扩大，开始改变原有的那种以母亲等成人为依恋对象、以身体接触为主要方式的近侧安全感，此时婴儿必须发展与母亲交往的新形式从而形成新的安全感。这就导致了会爬行的婴儿在依恋、社会性参照能力等方面表现出与同年龄不会爬行婴儿的不同特点。

这个年龄段的孩子，需要有自由的身体活动机会以发展大肌肉参与的动作技能，从孩子出生起就让他们进行安全的地面和水中活动以及亲子互动活动。加拿大《婴幼儿身体活动指导方针》规定，婴儿应每天参加多次地面的活动（表4-5、表4-6、表4-7），包括移动手臂和踢腿、抓、伸、拉、推和趴（加拿大社会运动生理学会，2012）。

表4-5　0~3个月婴儿的动作发展方法

动作类型	训练方法	功能
抬头训练	1. 趴：可在喂奶前或喂奶后一个小时进行	锻炼颈部、背部肌肉，提高肺活量，促进大脑发育
	2. 当宝宝处于俯卧姿势，大人双手抵住其双脚，多数宝宝会有蹬踏反射，推动自己前行	锻炼腿部肌肉
手臂训练	1. 将小棒放入婴儿的手心，婴儿会马上抓住小棒，大人用手握住婴儿的小手，帮助他坚持握紧的动作 2. 让婴儿学习抓住父母的手指 3. 抓握。在婴儿床上方其小手能够得着的地方悬挂一个布娃娃，父母帮助婴儿够握它 4. 让小手抓握毛线、橡皮或皮手套 5. 还可使婴儿触摸不同质地的玩具，以促进感知觉的发育 6. 在宝宝看得见的地方悬吊玩具（小气球、吹气娃娃、小动物、小灯笼、彩色手套等），扶着他的手去够取、抓握、拍打。质地应多样化。每日数次，每次3~5分钟	提高手部感知觉能力；训练手部肌肉及其灵活性；提高手—眼协调性

续表

动作类型	训练方法	功能
仰卧亲子活动	1. 伸展运动：大人双手轻握宝宝双手手腕，抬起宝宝左臂，由身体左侧经头至头上，右臂不动，还原左臂后。交替右臂上举。重复数次 2. 扩胸运动：大人双手轻握宝宝双手手腕，交叉于胸前，两臂同时展开，成侧平举，还原胸前。重复数次（图4-1） 3. 分腿运动：大人双手轻握宝宝双脚脚踝，与腹部成垂直90°，两腿分开最大限度，还原，重复数次 4. 屈伸运动：大人双手轻握宝宝双脚脚踝，向上推至屈膝状，还原。重复数次（图4-2） 5. 转头运动：用各种玩具（拨浪鼓、毛绒动物、球等）从不同方向逗弄婴儿	锻炼身体不同部位，发展大动作运动能力；锻炼孩子的空间感知觉
前庭器官训练	1. 把婴儿放在秋千椅上或吊床上摇晃 2. 托住婴儿，让其在座椅上蹦跳 3. 抱住婴儿，将婴儿从直立变为仰卧，重复2～3次 4. 手托婴儿，将其在健身球上仰卧或俯卧，然后缓慢地来回移动健身球	锻炼空间感知觉能力，提高平衡能力

图4-1

图4-2

表 4-6　4~7 个月婴儿的动作发展方法

动作类型	训练方法	功能及注意事项
翻身训练	1. 仰卧位到侧卧位：大人将孩子的一侧大腿放在另一侧上，一手推住其后背部，稍微向侧旋转，再放回仰卧位，重复 3~5 次 2. 仰卧位到俯卧：大人把孩子的一侧大腿放在另一侧上，用手压住，宝宝可自行通过肌肉控制完成俯身动作 3. 俯卧到仰卧位：随着肌肉力量逐渐发展，宝宝可由俯身到仰卧位	训练腹部、背部肌肉力量；训练空间感知觉能力
手眼协调	够取悬吊的玩具：先用手摸，玩具被推得更远；宝宝再伸手，玩具又晃动起来；经过多次努力，宝宝终于用两只手一前一后将它抱住；大概要到 5 个月时宝宝才能用单手准确够取	锻炼空间感知觉能力；训练手眼协调能力
手眼协调	抓握玩具：把宝宝抱至桌前，桌上放几种不同的玩具，让其练习抓握。每次放 3~5 种，经常变换，可以从大到小，反复练习，并记录能准确抓握的次数	训练手眼协调能力；手部感知觉训练
手眼协调	见物伸手：一人抱着孩子，另一人在离孩子 1 米远处用玩具逗引他，观察他是否注意。与玩具接近，逐渐缩短距离，让孩子一伸手即可触到玩具。如果孩子不会主动伸手朝玩具接近，可引导孩子用手去抓握玩具，去触摸、摆弄玩具	视觉感知觉训练；手眼协调训练
手眼协调	伸手抓握：将小儿抱成坐位，面前放一些彩色小气球等物品（物品可从大到小、由近到远）。开始训练时，物品放在孩子伸手即可抓到的地方，慢慢移至远一点的地方，让他伸手抓握，再给第二个让他抓握，观察宝宝是否会把物品传给另一只手	空间感知觉训练；手眼协调训练；双手协调训练
手眼协调	手指运动：把一些带响且易于孩子抓握的玩具放在孩子面前，首先让他发现，再引导他的手去抓握玩具，并在手中摆弄，再训练其敲和摇的动作，然后训练小孩做推、捡等动作，观察拇指和其他四指是否在相对的方向	听觉、视觉和本体感觉协同训练；手指精细动作训练
手眼协调	接滚球：在桌子上向孩子滚动球，让其做出接球的反应	—

续表

动作类型	训练方法	功能及注意事项
坐	1. 孩子躺在45°左右坡度的垫子上 2. 大人将孩子抱起，让其坐在腿上，背靠大人 3. 大人面对孩子，双手托其腋下，让其坐在床上或软面的高凳上 4. 孩子坐下，后靠被子或其他支撑物。大人在侧面，轻扶其一侧手臂，逐步过渡到不扶。孩子不稳时再出手帮助 5. 独自坐立。随着月龄的增加，多数宝宝6个月基本会坐了，有的坐不稳，需要靠垫，有的会前倾这都是正常的	腹、背肌训练；直立的空间感知觉训练

表4-7　8～11个月婴儿的动作发展方法

动作类型	方法	功能
爬行练习	1. 和宝宝一起爬 2. 爬向妈妈 3. 爬向玩具 4. 从坐到爬 5. 快速爬（图4-3） 6. 不同体位转换爬	—
体位转换	1. 蹲：家长可以面对面拉住孩子的双手，帮助他从坐换到蹲的姿势，并停留一会（时间逐步增加） 2. 从坐到站：让宝宝坐在有围栏的空间。他会抓住围栏站起来 3. 从站到坐：让宝宝扶着围栏站。他会抓住围栏从站经蹲而坐下来	腿部力量、平衡能力和协调能力
手部训练	1. 扔—拿玩具：让宝宝坐着，给他一些能抓住的小积木、小塑料玩具等，先让小儿两手均抓住玩具（一件一件地给），看到他扔下手中的一个后再拿起另外一个给他 2. 选择玩具：同时给宝宝2～3件种类相同但形状或颜色不同的玩具，让小儿进行选择 3. 玩具倒手：在和宝宝玩玩具时有意识地连续向一只手递玩具或食物，大人示范让宝宝将手中的东西从一只手传到另一只手。反复练习，他就会飞跃到"玩具倒手"	训练手部的抓握、投扔的能力；空间感知觉训练；颜色和形状感知觉训练；两手协调配合能力
手部训练	4. 抓握积木：把宝宝熟悉的积木块放在他手能抓到的地方，让他抓起小积木，每日练习数次 5. 对击玩具：让宝宝手中拿一只带柄的玩具，对击另一只手中的积木，敲击出声时，家长鼓掌奖励	促进手—眼—耳—脑感知觉能力的发展

图 4-3

第三节 如何创造建设促进运动探索的家庭环境

研究表明，适当的体育锻炼环境给婴儿提供独特和重要的发展运动技能的机会；良好的环境给婴儿各种感知觉的体验，是大脑发育不可或缺的条件，大脑发育有关键期，在关键期内，最容易受到外界影响。研究表明，很少玩耍或很少接触外界的孩子大脑发育比同龄孩子要慢20%～30%。因此良好的环境可以帮助婴儿获得丰富的经验，这些经验对大脑功能和结构、生理心理方面都有重要的影响，作用将伴随其一生。家长应重视有利于孩子身体动作发展的环境创造建设（创设），并密切监督婴儿的身体活动，保证孩子能够拥有安全和积极的运动体验。

一、创设婴儿安全活动的环境

玩/器具一定要安全

玩/器具是指多种多样、重量较轻、能搬动或抓起的物品；不含孩子可以吞下的碎片；没有锋利的点和边；无毒、无味；安放稳固；玩/器具的连接处牢固；玩/器具的高度或长度符合婴儿的身高和能力的大小；在有一定高度的玩/器具下方要有保护垫放置。

二、适龄和适合发展的玩／器具的配置

（一）丰富多彩、功能各异的玩／器具，促进孩子运动技能的获得

1. 单杠、滑梯、摇椅或旋转椅／木马、围栏等固定设施（图 4-4）。
2. 垫子、不同大小的球等可移动的设备。
3. 响铃、毛绒娃娃等轻便玩具。

图 4-4

（二）配置适合 0~10 个月孩子的玩／器具，让孩子通过几次尝试就能参与进来

1. 触摸时能移动或发出声音的玩／器具，可以刺激婴儿使用手臂和腿进行伸展活动。
2. 拿在手里的玩／器具可吸吮、拉扯、挤压，鼓励他们精细运动技能的发展。

（三）配置不同质地、尺寸、颜色、形状和重量的玩／器具，让婴儿能看、听、触摸、抓、握、抛、拍、打、敲、挖、扔，开发其视觉、听觉、触觉、本体感觉等多种感知觉能力

1. 不同质地的玩／器具，如皱的纸、轻软的布球、木凳、铁杠等。
2. 大的健身球、中型的气排球、小的软皮球等多种尺寸的玩／器具（图 4-5、图 4-6）。

图 4-5　　　　图 4-6

3. 色彩鲜艳、带有声响的玩/器具。宝宝在出生三四个月后就可以辨认出颜色，刚开始时他们对黑白色比较感兴趣，以后才是彩色。婴幼儿认识颜色的先后顺序有一定的规律，即红—黑—白—绿—黄—蓝—紫—灰—棕(褐色)。对于0~10个月婴儿，应以红色、黑色、白色、绿色、黄色为主。

4. 以圆形为主。婴幼儿对几何图形的辨别有一定的顺序：圆形、正方形、半圆形、长方形、三角形、五边形、梯形、菱形。

(四) 玩/器具的安放高度合适

在较低的位置放置玩/器具，以便婴儿可以拖着玩/器具走或步行，确保孩子在任何时候都是安全的，而不限制他们的探索。

三、利用房屋结构和家具创设运动空间

(一) 创造一个安全、宽敞、平整的爬行空间

宝宝到七八个月大时开始表现出独立玩耍的愿望，对周围的事物充满了好奇，喜欢探索，见到什么都想抓，抓到什么都想吃。因此，给孩子一定的安全空间，让孩子独立感受环境，当需要帮助的时候父母及时参与其中，在游戏玩耍中开发宝宝潜能。

1. 合理地规划区域，在室内和室外都有宽敞的空间让婴儿安全地移动、滚动、拉伸和探索，让孩子有不同的运动体验，如滚、摇摆和戏水，无论在室内还是室外。家庭可将拥有较大空间的客厅或书房或其他房间用作儿童活动室（图4-7）。

图4-7

2. 放置一个48厘米×65厘米左右的地毯或垫子。在地毯选择上要兼

顾孩子爬行和滚动的需要，除颜色和图案需要吸引孩子外，还要考虑质地（图4-8）。

3. 在他们身边放置有趣的东西，促使他们去探索周围的空间。

4. 定期变换或更新玩／器具，给婴儿提供新奇的环境，鼓励其使用多个感官一起运动。

图 4-8

（二）运用已有的家具或生活用品促进孩子运动能力的发展

1. 晒衣杆可用于婴儿做悬垂练习。
2. 大床可用于婴儿的滚动和爬行练习。
3. 楼梯用于爬行。拐角处安置小箱等孩子可以钻、躲的设施。
4. 在墙面不同高低位置安置做攀爬、投准等练习的设施，婴儿可以在家具下爬行或翻滚。

四、音乐的运用

音乐是通过声音来表达感情的一门艺术，在表现人的感情变化、心理活动、思维走向等方面有着很好的效果。音乐是一门听觉艺术。婴儿在欣赏音乐时，会对节奏、音高、力度、音色等方面有一定的辨别能力，这就使婴儿在听觉方面有很好的提高和加强。

（一）0～10个月婴儿对音乐的反应

这个年龄的婴儿对音乐是敏感的，6个月左右开始主动地对音乐做出反应，而不再是被动地接受音乐。表现为他们会转向发出声音的地方，并做出高兴乃至惊喜的表情。半岁至1岁，他们会伴随音乐连续地晃动身体。可以说，动作和音乐在孩子身上是浑然一体的。

(二)音乐与动作发展相结合

在对婴儿进行动作训练时,可以选择或轻柔或明快的音乐做背景,这不仅有助于提高婴儿的兴趣,还有利于他们情绪的调节,感受美的韵律,训练听觉的辨别能力。

1. 音乐选择。对1岁以内的孩子可选择中外古典音乐、现代轻音乐和描写儿童生活的音乐,如圣桑的《动物狂欢节》,格里格的《蝴蝶》和《小鸟》,贝多芬的《孩子的梦》《土耳其进行曲》《献给爱丽丝》,比才的《儿童游戏曲》以及我国的《牧童短笛》《数鸭子》《小兔子乖乖》等。

2. 音乐播放时长。一般来说,1岁以内的孩子听音乐每次不超过20分钟。

3. 音乐更换频率。音乐更换不必过快,一般可以2~4个月更换一次。

4. 动作。在音乐伴奏下拍手、滚动、爬行、踢腿和敲打物体等。6个月的宝宝就能感知节奏了。家长可以放些节奏鲜明的音乐并让宝宝跟着节奏拍自己的小肚子或拍手。刚开始的时候你帮宝宝拍,时间长了他自己就会拍了。

第四节 户外活动的重要性

一、户外活动对宝宝发育的重要性

户外活动对婴儿健康成长必不可少。户外天地广阔,阳光充足,空气新鲜,宝宝在大自然中游玩,可以促进孩子身心健康成长(图4-9)。

图4-9

(一)身体健康

1. 新鲜空气中含氧量高,能促进小儿身体的新陈代谢。

2. 身体不断受到阳光、空气和风的刺激,可以增强体温调节功能及对外界环境变化的适应能力,比如,冷空气可以使血管先收缩后扩张,血管舒缩的功能增强,机体对寒冷的适应性就强。

3. 阳光中的紫外线可以杀菌和预防佝偻病。

(二)心理健康

1. 户外活动让孩子从小就有机会接触和认识大自然,有助于激发宝宝的好奇心和探索的愿望。

2. 家长和宝宝一起在户外玩,还可以增进家庭亲密关系,大人跟孩子一起变得更健康。

二、户外活动时间

除恶劣天气外,可以把婴儿抱到阳台或户外呼吸新鲜空气。

春夏秋三季可多带宝宝到户外活动。冬季除了风沙大或污染较严重的天气,尽可能争取带宝宝到户外短时间活动。

开始每次5~10分钟,每日1~2次。随着月龄的增加,逐步增加户外活动的时间。6个月以内的小儿每日户外活动的时间可由30分钟逐渐增加到1~2个小时,6个月至1周岁可延长到3个小时(分两次进行)。

三、户外活动注意事项

夏季紫外线强度大,可选择上午或傍晚出去;要采取防晒措施,如戴遮阳帽、抹宝宝防晒霜,避免皮肤伤害。

冬季气温低要注意保暖,避免面部皮肤和手脚冻伤。穿保暖防风的外套、戴帽、戴手套；可在温度较高的中午出去。

天热时易出汗，可带些汗巾或更换衣服。

本章小结

孩子出生不久，就在先天条件反射基础上学会了趴、爬、坐、站等动作技能，这些技能获得的同时，婴儿感知了自己的身体和周边的世界，增强了生存能力。这个阶段最重要的技能是爬行，对他们进行的早教其实就是玩，就是身体活动。户外活动和室内环境对儿童的发展极为重要。

第五章

11～18个月婴幼儿如何运动

11个月的婴儿基本能独立站立后,他们就开始了从水平方向(卧)向垂直方向(立)的转换、从静止动作(坐、站)向动力动作(走、跑、跳)的转换,从无目的向有目的的动作转换。这样的转换给人体的重心和结构带来了深刻变化,脊柱从水平支撑变成了垂直支撑,重心从原来的在前后肢中心位置,变成了在第四腰椎和肚脐连线中点位置。这些变化让婴幼儿的生活发生质的飞跃,手眼协调实现、智慧动作萌芽,并知道事物以不同的方式使用,例如球可以滚动或投掷,玩具车可以推。

第一节　11～18个月婴幼儿的动作发展有什么特征

11～18个月婴幼儿动作发展如下（表5–1）。

表5–1　11～18个月婴幼儿不同阶段动作发展的特点

月龄	动作技能
11～12	1. 独自站立 2. 翻书 3. 抛球 4. 扶走 5. 蹲下 6. 跪立位 7. 随意转换体位 8. 能熟练地手膝并用做四肢爬行，能走几步
13～15	1. 走得更稳了 2. 会小跑 3. 搭积木（几块）
16～18	1. 独自行走（多数能做） 2. 有目的、有意识地做试错、改错的动作以解决新的问题 3. 握着成年人的手上楼 4. 向后屈膝下楼（爬行） 5. 用平衡方块建一个小塔 6. 安全地用双腿跑 7. 稳稳地蹲下休息或在地上玩东西，并且不用手就能站起来 8. 自信地攀爬并开始在幼教机构的登山器材上攀爬 9. 可以踢一个大球 10. 翻转书中的页面，一次可以翻几页

概括起来讲，这个年龄段的孩子能初步完成走、跑、投、踢等基本动作技能（表5–2）。

表 5-2　婴幼儿部分动作发展的年龄特征

平均月龄（月）	动作技能
9～16	独立站一会儿
9～17	独自走路
16～20	独自奔跑
12～30	肩上投掷
15～30	踢
15～30	抓

第二节　如何促进 11～18 个月婴幼儿的动作发展

一、创设适宜运动的环境

要想在以后的生活中熟练地移动，婴幼儿需要掌握广泛的基本运动技能，如滚动、伸、抓、坐、爬、站立和走路。这些基本动作让婴幼儿与他们的环境互动，为以后的运动能力和身体活动奠定基础。环境对孩子的运动能力发展起着重要的作用。

（一）物理环境

1. 房间和活动区域要方便孩子使用，并有充足的空间，适合快速、有时无法预测的运动。

2. 室内每个孩子至少应该有 3 平方米的玩耍区域，室外每个孩子至少应该有 7 平方米的空间。

3. 在室内或户外放置一些孩童玩/器具，让孩子们能够找到要玩的东西，以促进他们对于身体运动的兴趣。

4. 在室内和室外提供一系列轮式玩具，如三轮车、玩偶车、推车。孩子在参与骑行游戏时，最好佩戴头盔。

5. 提供不同的玩具和玩具材料，以鼓励孩子爬行、翻滚、滚动和攀爬。

6. 提供装填、清空和运输物品，如小型纸运输袋、篮子和桶。

7. 为婴幼儿提供棍棒、滚筒和模具，用于玩面团、黏土或沙子。

（二）人文环境

1. 将用餐时间作为一个机会，帮助孩子使用手指、勺子和杯子进食。

2. 帮助婴幼儿找到舒适的方式来抓握、使用他们想要使用的东西，如家里的锤子、画笔或茶壶。

3. 鼓励婴幼儿学习做家务，如清扫、浇灌、挖掘或喂养宠物。

4. 有计划地让婴幼儿接触不同高度和表面，包括平地和丘陵地面、草地、鹅卵石地、沥青地、光滑地面和地毯。

5. 尽可能多地让婴幼儿在室内和室外之间自由移动。

6. 与婴幼儿谈论他们的运动，并帮助他们探索新的运动方式，如沿着地面像蛇一样蠕动、滑行和扭动以及快速或缓慢地踮脚走。

二、父母积极引导和鼓励

父母了解孩子的成长历程，并知道好的环境对身体运动的积极作用。

（一）激励

1. 发现、激发孩子对运动的兴趣。父母应鼓励和刺激宝宝运动，一天内应有几次短期的主动玩耍时间。当宝宝注意到好玩的活动时，要抓住这个机会与他们进行互动。

2. 使用言语和非言语表达激发宝宝参与活动的兴趣。

3. 鼓励宝宝独立探索运动。

4. 运用节奏、音乐来训练宝宝的动作韵律感，提高参与的兴趣，如设计包括运动和顿停的音乐剧。

5. 鼓励宝宝不断地重复和延展他们之前所学过的东西，以培养他们的创造力和想象力。

(二) 参与

1. 孩子喜欢模仿大人，父母经常运动给孩子树立榜样。通过身体活动，孩子们可学会做人、做事。

2. 室外活动时，家长可以帮助宝宝攀爬游乐设施或者荡秋千。

3. 规划各种可与宝宝一起使用并能吸引他们注意、刺激兴趣的设备和物件，如配图的地面或墙面，使婴幼儿保持兴趣并提出挑战。

4. 根据宝宝的个人能力设置一些合理的障碍物，帮助孩子安全地探索世界。

5. 与宝宝一起，在表演诗歌、讲故事和做追逐游戏时自由地展示一些身体动作。

三、注意安全

对宝宝的安全给予高度重视，特别要注意那些容易过度兴奋的宝宝们。

宝宝可能玩起来很兴奋，但要注意安排他们休息和放松的时间。

为宝宝提供安全空间，并告诉他们保证安全的规定或方法。

婴幼儿学步车不可取，因为存在跌倒的危险。

要给宝宝试用设备和练习所选运动的时间。

四、活动安排

11～18个月的孩子除睡觉以外，一天应进行多次身体活动。

每天至少要活动3个小时（任何强度大于久坐的活动都可以），包括60分钟至数小时的自主性活动和至少30分钟的特别安排的活动。

可将结构性活动融入孩子的日常生活中；自主性的身体活动应该置于不同的环境中，让孩子们和同龄人玩，或模仿家长。

每次静坐类活动不应该超过60分钟。

五、动作发展的案例

（一）自主性身体活动

自主性的活动可包括玩儿童游乐设施、抓皮球和充气玩具、跳跃、平衡身体、骑三轮车、在沙坑里玩耍、和同龄人玩等。父母应该准备充足的物件使儿童能安全地在地面上进行骑、推、拉、爬、跳等。

1. 在室内室外的游乐设施玩耍。
2. 尝试各种各样的三轮车、滑板车、骑行器具。
3. 在供儿童玩耍的大沙坑里玩（图5-1）。
4. 推、拉玩具。
5. 组装或参与有创造性的玩具（图5-2）。
6. 跳绳等。
7. 追逐泡沫或蝴蝶，寻宝。
8. 玩追逐、拿取、拍打游戏。
9. 攀爬滑梯或楼梯。
10. 钻毛毛虫（图5-3）。

图 5-1

图 5-2　　　　　　　　　　　　　图 5-3

(二) 结构性的身体活动

结构性的身体活动是由父母制定和指导的，并且是为适应孩子的发展水平所设计的。结构性身体活动的主要目标在于通过让孩子参与不同程度的身体活动，掌握与年龄相符的运动技能。

1. 安排障碍游戏以提供孩子参与移动性和掌控性技能的机会。

2. 提供各种各样的适宜发展的器具，通过模型培养不同的掌控性技能。

3. 准备具有创造性的、具有鼓励性质的运动任务以促进基本的运动技能的发展，比如，在地板上放置一张画有鱼的纸，并对孩子说："你能跳过这条有鱼的小溪吗？"

4. 迈过一些在地板上的物体或将球抛过这些物体。

5. 随音乐或视频一起律动。

6. 让孩子仔细观察并模仿动物、他人的行为。

7. 把玩具藏起来，让孩子试图找到它。

8. 找丢掉的物体。

9. 敲击两个物体或将物体放在容器中。

10. 在室内和室外玩隐藏和寻找游戏。

第三节　11～18个月婴幼儿的亲子活动

一、重要性

亲子活动是指宝宝与父母一起进行游戏和体育活动。亲子活动对婴幼儿的成长十分重要，因为世界上最好的老师是父母，世界上最好的玩伴是父母，至少在生命早期是这样。而父母的心态、行为、情绪、信念，对孩子的影响，都将持续一生。

一是亲子活动为婴幼儿提供了丰富的刺激，为他们认识周围世界、发展认知能力创造了有利条件。

二是亲子活动对婴幼儿个性、品格形成和社会性行为的发展具有直接影响。

三是父母为孩子树立了一个热爱运动的榜样，让孩子建立起终身健康的生活方式，发展他们的运动技能。

四是加强与孩子的联结，加深对孩子的了解，成为他的玩伴。没有同伴时，孩子可以与父母一起玩。

五是父母锻炼了自己的身体，重新体会了儿时游戏的快乐。父母的性格、爱好和观念以及婴幼儿自身发展水平和发展特点会影响亲子活动的质量。

二、亲子活动案例

在日常身体活动中，父母与婴幼儿互动来促进他们的动作发展，进而探索其生存环境。

(一) 徒手亲子活动

1. 原地类。

1) 抱起或背起婴幼儿，逆/顺时针旋转数圈，锻炼其前庭器官的功能。

2) 大人跪立，与孩子面对面，两手握住孩子的手，让其蹲下、站起（图5-4、图5-5）。

图 5-4    图 5-5

3) 大人跪立，与孩子面对面，两手握住孩子的手，让其站立不动（图5-6）。

图 5-6

4) 大人跪立，与孩子面对面，两手握住孩子的手臂，让其向上跳起（图5-7）。

图 5-7

5）孩子双手撑地，大人跪立于其侧后方，一手托其胸部，另一手握住其双腿，让脚离地（图5-8）。

图5-8

6）从支撑到倒立。孩子双手撑地，大人跪立侧方，手握其两脚，将脚离地20～30厘米直至倒立姿势（图5-9、图5-10）。

图5-9　　　　　　　图5-10

7）"变形桥"。孩子仰卧、屈膝举腿，大人面对孩子、两手置于孩子头的两侧成跪撑，然后孩子和大人同时将腿伸直（图5-11、图5-12）。

图5-11　　　　　　　图5-12

8）"飞起来"。大人仰卧，两手握住小孩的手，屈膝举腿，两脚顶住孩子的髋腹部，然后大人将腿伸直，把孩子顶起，身体与地面成水平（图5-13、图5-14）。

图 5-13　　　　　　　　　图 5-14

2. 悬垂类。

1)"荡秋千"。父母 2 人各牵孩子一只手，让其腿短暂离地（图 5-15）。

2）孩子背对大人，大人握住小孩的双手，将其提起至头上位置再放下，重复 2～3 次（图 5-16）。

图 5-15　　　　　　　　　图 5-16

3)"看谁高"。大人面对孩子，握住小孩的腋下，将其举起至头顶（图 5-17）。

图 5-17

3. 滚动类。

1）前滚。

2）后滚。孩子坐下向后滚动，两手夹住耳朵、撑地，大人面对孩子站立，双手握住其踝关节（图 5-18）。

图 5-18

4. 移动类。

1）大人直角坐，与孩子面对面，牵其双手，让孩子踩到腿上，在腿上前后走动（图 5-19）。

图 5-19

2）大人举腿，手在后撑地呈 V 字形坐，让孩子从腿下爬过去（图 5-20）。

图 5-20

3）大人半蹲，面对小孩并握住其双手，让孩子站在腿上，然后大人逐步将腿伸直，保持平衡（图 5-21、图 5-22）。

图 5-21 　　　　　　　　　　　图 5-22

4）大人与孩子并立，牵其一手，让其走独木桥（图 5-23）。

图 5-23

5）大人与孩子面对面，大人握住其双臂，让其踩在大人的双脚上，前后、左右地移动（图 5-24）。

图 5-24

6）"小企鹅"。孩子背对大人站立，大人握住其双手，让其双脚踩在大人的脚上，前后、左右地移动（图 5-25）。

图 5-25

5. 与孩子一起跟随音乐或节奏运动。

1）在简单的节奏下轻轻地敲打桌面或拍手。

2）用不同方式回应音乐或节奏，如在他们俯卧时击打地板，音乐响时弯曲或伸展他们的腿，或握拳和开掌。

3）在一段活泼的音乐开始时跳舞。

4）模仿对方的动作，如鼓掌或扭动。

（二）器械亲子活动

1. 大的健身球。

1）将婴幼儿仰卧或俯卧在健身球上，缓慢地前后或左右来回移动球（图 5-26、图 5-27）。

图 5-26 　　　　　　　图 5-27

2）双手从婴幼儿腋下将其托起，让他坐在健身球上，或让他站在球上上下跳（图5-28、图5-29）。

图5-28 　　　　　　　图5-29

2. 中型软式篮球、足球、排球。

1）面对面分腿坐，相距1米距离，滚、接球。

2）面对面站立，踢、接球。

3. 棍棒。

1）孩子躺在地上，双手上举握住棍棒，大人按住其手（图5-30）。

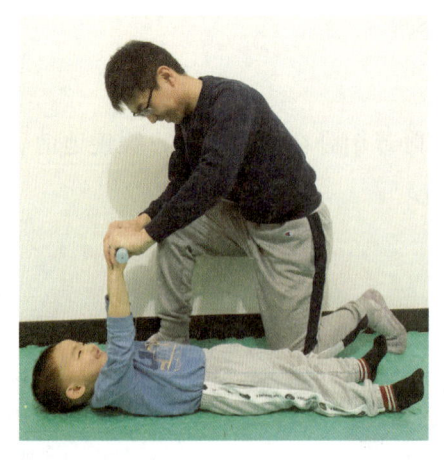

图5-30

2）"划船"。大人分腿坐，孩子坐在两腿之间，大人和孩子都握住圆棍，向后拉至屈臂（图5-31）。

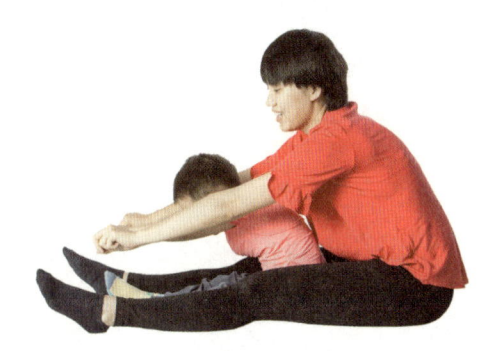

图 5-31

3）把孩子放在婴儿秋千椅上摇晃，或在婴儿座椅上蹦跳（图 5-32）。

图 5-32

三、在成人协助下的婴幼儿独自练习

（一）不倒翁

1. 玩法 成人与宝宝面对面盘腿坐下，然后学着不倒翁的样子前后左右摇晃，看看谁是真正的不倒翁。

2. 游戏之前可以先让宝宝玩一玩不倒翁玩具，以便宝宝对不倒翁的特性有直观体验，引起宝宝参与游戏的兴趣；确保前后左右有足够的空间可以安全倒下，最好在软垫上进行（图5-33）。

3. 游戏升级。

1）比一比哪个不倒翁晃动的幅度最大。

2）相互推一推，看能不能推倒对方。

（二）走脚印

1. 玩法：踩着地面上贴好／画好的脚印走到目的地。

图5-33

2. 提示。

1）引起兴趣——"这么大的脚印！是巨人的吗？还是大猩猩的？咱们沿着脚印走过去看一看！"

2）可以在目的地放一个玩偶，以增强宝宝的成就感。

3）根据宝宝的步幅制订脚印的间距，起初按照正常步幅来设计即可。

4）游戏升级：加大／减小脚印的间距；设计成一条直线；加大左右间距；让路线变得弯弯曲曲；让宝宝自己摆；成人和宝宝一起设计路线。

（三）滚动

1. 侧滚动。

2. 前后滚动。

3. 从斜坡上侧滚。

（四）婴幼儿游泳

婴幼儿游泳通常是指新生儿或2岁以内的孩子在水中进行的身体活动。其原理是让婴幼儿在类似母体羊水的水中做自主运动，利用水波轻柔地爱抚，促进新生儿的智力发育和身体健康。对于还不能独立行走的婴儿，游泳是最受孩子喜欢、最自然、最安全的一项运动。它对孩子的神经系统、消化系统、呼吸系统、循环系统及肌肉和骨骼系统发育都有较好的促进作用。

1. 时间和温度。

1）每次游泳的时间在 10～15 分钟。

2）应在 28℃左右的室温和 38℃左右水温中进行。

3）要尽量保持水温恒温。在家中要注意给渐渐冷却的水中不断注入热水以达到恒温效果，并将室内暖气打开。

2. 注意事项。

1）不要让宝宝在很饿或很饱的情况下游泳，宝宝吃饱半个小时以后可游泳。

2）应注意避免因水源清洁问题带来的感染。

3）应注意因脖圈带来过敏或脖圈摩擦过度导致皮炎以及其他问题。

4）具有以下特征的婴幼儿不适合游泳：皮肤破损或有感染的婴幼儿；感冒、发烧、拉肚子、脚易抽筋，或身体有其他异常者；注射防疫针不到 24 小时的婴儿。

本章小结

孩子从 11 个月左右会站立后，很快就学会走、跑、投、踢等基本动作技能，这也是必备的生存技能。家长应尽可能地为孩子创造一个促进这些技能发展的环境，将结构性练习和非结构性练习结合起来。这个年龄段的亲子体育活动会给孩子和大人带来很多的好处。游泳是一项适合该年龄的运动。

第六章

1.5～3岁孩子如何运动

　　1.5～3岁的孩子正进入一个快速发展的通道。虽然2岁后孩子的身体生长速度减缓，但是神经系统的发育非常迅速，2岁时脑重约为成人脑重的3/4，神经系统开始由被动活动逐渐转入自主活动，孩子几乎可以控制自己的整个身体，多种运动能力都达到了自如的程度。这段时期的运动将极大地促进孩子认知能力的发展，如对高低、远近、大小、轻重、快慢、冷热等的判断。此时是儿童心理发展的三个关键转折期之一。父母为孩子提供的环境和经验，正在塑造他们的兴趣、优势和个性特点。这段时期里，重视给孩子讲绘本、故事，孩子的语言能力往往早于同龄人；经常给孩子听音乐，孩子对节奏和音律的感觉也更好；经常带着孩子画画，孩子对色彩的敏感度往往高于同龄人；同样，注重孩子运动，孩子的协调和灵敏度也会明显地高于同龄人。

第一节　1.5～3岁可以开展哪些身体活动

一、运动能力概况

（一）粗大动作

1. 1.5～3岁是进一步熟悉走和跑、发展双脚跳的时期。

2. 随着腿部力量的增强，孩子能够稳稳地蹲下休息或在地上玩东西，并且不用手扶就能站起来（图6-1）。

3. 孩子能够自己扶着扶手上下楼，从两脚一个台阶，到一脚一个台阶。

4. 2岁以后孩子能够单脚站立。

5. 这些大动作的发展，使孩子除了参与滑梯、秋千、跷跷板等游乐园活动外，还能够参与滑板车、攀爬、踢球、投球、抛接球等活动。

6. 孩子在大人指导或保护下还能做前滚翻、后滚翻，走平衡木等活动。正是这些大动作的活动，为孩子的综合运动能力、探索意识、胆量、自我保护能力等奠定了坚实基础（图6-2）。

图6-1

图6-2

(二)精细动作

这个阶段,孩子的精细动作也在不断发展。比如,孩子开始喜欢搭积木,玩石头剪刀布,一页页地翻书,尝试自己穿脱衣服,能够拧开瓶盖自己喝水,使用小锤子等工具。

值得一提的是,这个年龄阶段容易出现习惯手和习惯脚的单侧优势现象(图6-3)。出于对孩子大脑均衡发展的考虑,家长需要注意引导孩子均衡使用左右手和左右脚。

图 6-3

二、能掌握的运动技能

(一)跑

在1.5~2.5岁,孩子常常非常享受他们新获得的移动自由。他们终于能够按照自己的意愿,跑到厨房踮起脚去拿自己喜欢吃的饼干,跑来迎接下班回家的爸妈,跑去跟同龄的孩子抢一辆小汽车。他们的跑步和启动速度也越来越快,有时快得让人来不及反应,如他们在滑滑梯时往往不愿意等待排队,会"噌"的一下钻到1岁多孩子的前面去;当他们看到自己的玩具被别人拿着时,也会两三步就冲上去抢回玩具。

不过,他们跑起来的样子还很不协调,看着有些逗。孩子的两条腿大都是半僵直地轮换,离地面很近;两只胳膊一开始是张开举向空中,之后随着安全感增强,渐渐降到身体两侧,但基本像是木棍一样僵直地夹着或是像蝴蝶翅膀一样挥动。只有到3岁以后,他们的跑步姿势才开始出现手臂的弯曲助摆。相比之下,你会注意到成人跑步时像是精细分工配合的精美仪器,右臂弯曲前伸,左腿跟着弯曲前迈,右腿和左臂又跟着弯曲前伸。不过，没有必要过分追究这个年龄孩子的动作姿势，用示范或语言提示也无法起到作用，孩子需要在大量的相关经验中摸索出最高效的动作方式。

此外，这个阶段的孩子还很难在跑的过程中"刹车"，或是变换方向，或是躲闪其他人或车辆。他们的注意力完全集中在眼睛看到的那一个目标上，而难以注意到脚下或是周围同时发生的人或事。这意味着看护者需要格外留意孩子的移动路线，预判移动方向上可能出现的摔跤、碰撞等危险。

（二）跳

2岁以后，孩子能逐渐开始双脚跳了。一开始可能是两只脚有先后地起跳和落地，之后逐渐就发展为两只脚能同时起跳、同时落地。一些孩子在3岁以前就能够原地连续双脚跳。不过，也有孩子直到3岁仍然无法双脚跳，这与孩子的腿部力量、脚踝力量、身体协调性有关系。

这时候孩子开始喜欢在床上、沙发垫上、蹦床上等柔软有弹性的地方跳。2岁半后孩子还可能喜欢跳远，如从沙发跳向地垫，从枕头跳向床中间，或者戴着泳圈从岸上跳到水中。

孩子一般到了3岁以后才有能力做单脚跳、开合跳等更为复杂的跳的练习。这需要顺应孩子力量和协调性等方面的发展。

（三）滑板车

不少胆子大、协调性好的孩子从1岁半开始就玩起了滑板车，其他一些孩子多是从2岁左右开始。孩子们不仅可以在空旷的平地上滑滑板车，还可以绕着花坛滑、在坡度低的地方上下坡。孩子之间还能够结伴同行，或者进行友善的比赛。他们可能从此一直玩滑板车玩到五六岁（图6-4）。

图6-4

滑板车深受孩子们的喜爱，因为它极大地扩大了孩子们的移动范围和移动自由，可以更轻松快捷地奔向更广阔的天地，而且滑板车带来的驰骋感、风吹脸颊的爽快感，是其他玩具难以替代的。孩子们如此依赖滑板车，以至到任何公园、广场、商场，甚至是开车或坐火车、飞机去外地旅行，滑板车成为孩子出行的"标配"。

这里需要注意以下两个问题。

1. 左右脚的均衡使用。孩子往往在一开始会尝试分别用左右脚去滑滑板车，一旦发现了某只脚能滑出更潇洒的轨迹后，他们就开始主动地长期使用这只脚，以获得最大的成就感。这时候就需要家长坚持要求孩子均衡地使用左右脚，提高弱势脚的能力，以避免孩子过早出现单侧优势，影响到身体和大脑的均衡发展。

2. 教会孩子踩刹车。滑板车的刹车一般位于后轮处，孩子往往会本能地用脚摩擦地面来刹车。这可能对孩子的腿部关节、肌肉和骨骼造成冲击。

（四）玩球

随着孩子移动能力和手部操控能力的增强，孩子开始对球爱不释手。

1. 扔、投。这个年龄的孩子对于球的第一反应并不是踢，而是用手去抱起来。这与孩子的用手控制能力高于用脚控制有关。一开始孩子是把球抱起来，放到一个盒子或是筐里。之后就开始试图用手把球扔出去，也许是从体侧横着甩出去，也许是从下往前上方抛出去，也许是从身体上方砸或投出去。这些各异的动作其实对孩子都是有益的经验，能够锻炼到全身不同部位的肌肉，探索如何让全身更有效、更协调地发力。

这个时候如果家长给一些外部引导，如设置一个比孩子身高高出几厘米的篮筐、在孩子面前做一个投篮或扣球动作、给孩子看篮球比赛，孩子就会建立对于球的篮球式玩法的初步印象，并且他们的模仿能力将超乎你的想象。他们能像明星一样地单手投篮，甚至是双脚跳起的同时扣篮。

球的选择是格外重要的。如果球的直径大过孩子的整只手，那么孩子只会用双手去抱球。更好的选择是球的直径比孩子的手掌大，但比整个手小，而且球的质地偏软有弹性，大人用手抓着时球面能够陷进去一些。这时候孩子就能够用单手握住球，从而完成扔球、单手投球扣篮、上手投球等更多的动作。

另外还是需要注意单侧优势的问题，需要提醒孩子均衡地使用左右手来投球。

2. 抛、接。一般在2岁半之后，随着孩子手部操控能力、身体协调性以及空间认知能力的发展，孩子开始能够和家长玩抛、接球的活动。

让孩子抛球时，建议的动作是让孩子用双手握住球，从下往前上抛。球可大可小，一开始时尽量选择轻巧的球，让孩子体会到轻盈的抛物线。随着孩子经验的增长，可以让孩子体会稍重一些的球，以发展孩子的上肢力量。

让孩子接球时，孩子一开始会误判球的移动轨迹，他们眼看着球从家长手中抛出后，会上举双手等着在头顶上迎接球，而想不到球会下落到他面前。这时候可以建议孩子先做好接球的准备姿势，家长来做出示范，将双手自然张开、微弯曲成球形，掌心相对，举在前胸的高度，两手隔开一个球的距离；两手与身体也隔开一定的距离；两臂保持弯曲。家长在抛时，一开始可以先跟孩子一起数"一、二、三"，到"三"时再抛出，给孩子提供一个预判的节奏。家长还需要注意控制好球速和球抛出的距离，以便能让孩子在一开始能尽可能多地接到球。

另外，如果抛、接的球较小，孩子有可能直接用双手接住球；如果球较大，孩子更有可能用前胸和双臂一起抱住球。

3. 踢。2岁以后，随着孩子跑动能力的增强，他们开始愿意追着球跑，追上去，停下来，一脚把球踢跑了，又接着追过去。这不仅在培养孩子的足球兴趣，实际也在培养孩子的目标感和坚持追求目标的行为。渐渐地，他们开始出现了带球的行为，能够不时地修正球滚动的方向，像是在赶小猪一样。当他们看到球门，也会兴奋起来，希望一直把球带到门里。

在球的选择上需要考虑两方面的因素：第一，孩子需要尽可能多的触球机会，孩子跑动的持续耐力有限，如果球总是一脚就踢飞了，跑得太快、太远，孩子很快就会丧失成就感，失去对踢球的兴趣；第二，孩子的腿部力量有限，太重的球踢不动，也会影响成就感的获得。因此，建议给这个年龄的孩子选择较轻、偏软的球，而且可以散一些气，让球每次不致滚动太远。培养孩子早期兴趣需要维护孩子的成就感，不需要非得用足球，甚至都不一定非要用球，如可以考虑用正方体的海绵块。

同样地，一开始并不必要选择空旷的足球场，可以考虑选择更小的封闭场地。即便是家中客厅，中央有饭桌，也可能更容易吸引孩子不断地绕圈带球。因为在小场地里，球变得更可控，有更多的触球机会。

4. 挥拍类动作。网球、乒乓球等也可以让这个年龄的孩子尝试。让他们感受球弹跳起来的神奇，感受挥舞拍子的控制感（图6-5）。

图6-5

（五）舞蹈

舞蹈并不是女孩子的专长，是每个人都可以拥有的一种肢体表达方式。也并不需要遵从民族舞、芭蕾舞、现代舞等某个门类定式，哪怕只是随心所欲地抬起一只胳膊、让能量逐渐传递到手指，或者身体转一圈，都是一种内心的自由表达。这个年龄的孩子拥有相当多的可能性，当他们听到不同类型的音乐或节奏，在家长给一定的示范，或者在电视上看到有人跳舞时，孩子就会开始模仿，从而创造出这个年龄特有的、富于现代自由美感的舞蹈。这个时期的孩子主要是变换手臂的动作，配上随意的身体转动（图6-6）。

需要注意的是，家长在这个过程中一定

图6-6

要保持积极、鼓励的态度，避免过早扼杀孩子的创造性和自主意识。

(六) 日常生活中的动作发展

2岁后，孩子开始在游戏当中融入他们已有的生活经验了。他们会发展出这样的一组能力。

1. 联想和想象。开始玩想象性游戏，如男孩子可能会用手比画出枪的模样，嘴里还"biu、biu"模仿枪声。

2. 语言词汇。语言模仿能力极强，词汇量快速增加，孩子开始能用语言描述很多事物，如形容一座网状的桥为"草莓桥"、形容汽车的车标为"柠檬"、形容牙刷的波浪像"滚梯"。

3. 逻辑思维。孩子大约2岁半后开始有因果逻辑，会回答说："因为……"会问："为什么呀。"

4. 主体意识。开始有主见、会顶嘴了，如家长给喂饭时，会说："这不好吃。"家长说："看猫吃得多好。"会说："猫的饭也不好吃。"

5. 情感。同理心很强，如听一个故事时会说："小鸭子好可怜、好难过。"开始表达对他们亲近的人的喜爱和关心。还开始有内疚感，并会为此撒谎，如尿床了，会说："没有，是姥姥洒的水。"

6. 社交。从2岁左右开始能与另一个孩子形成亲密的友谊关系。开始对其他人的游戏感兴趣，并逐渐能加入其中。

在这些能力的综合发展下，2岁半以后孩子在玩耍中常常折射出自己的生活经验，如搬运沙发垫来搭建自己的家。很多家长往往没有意识到这样一个简单活动背后所展现出的孩子的全面发展，尤其是男孩子的家长，往往会去责备孩子怎么玩起了过家家。殊不知，孩子恰恰是在通过这些活动来发展他们的上下肢力量、身体协调性、空间认知，并且理解并重现生活经验，在这个过程中表达自己的情感。这正是幼儿的学习活动！

此外，2岁半到3岁的孩子往往会出现秩序敏感期。孩子会把鞋、小汽车等摆放得整整齐齐。但这个敏感期也许会在进入3岁后消失，那时孩子可能会有意地将玩具乱扔一地。家长可以充分利用秩序敏感期，培养孩子的精细动作。

第二节 为 1.5～3 岁孩子提供适宜的运动环境和机会

这个时期孩子的身体活动形式仍然以个人主动探索环境和工具为主，参与集体性或规则性游戏往往要到 3 岁以后才发生。这既与孩子的动作、认知、语言、社交等能力发展有关，也与孩子的养育环境有关，因为我国的孩子在这个阶段普遍是由孩子的父母、祖父母或保姆看护，到 3 岁后才进入幼儿园。这也意味着，我们作为父母就需要承担更大的职责，为孩子提供能够促进运动的环境和工具。特别是当孩子已经度过了对跑跳的新鲜感阶段时，他们的运动热情需要来自环境和任务的激发。一个鲜明的例子是，2 岁半后孩子往往又开始在你面前伸手要"抱抱"，他会做出可怜巴巴的表情并清楚地跟上一句："因为我累了。"你若不抱，他甚至会坐在地上打滚哭闹。但是如果遇到了足够有趣的环境，孩子就会撒丫子跑向兴趣地点，拽也拽不回来。

一、游乐园

这个年龄的孩子对于游乐园有着近乎不可替代的需求。孩子会直接点名列出游乐园的劲爆元素：滑梯、蹦床、秋千、跷跷板、塞硬币的摇摇车、爬梯、滚轮胎。如果再有带轨道的小火车和旋转木马那就更好了。当你带他去外地旅游时，你会发现他也许别的没记住，却会记住某某地方的游乐园里有个好高的滑梯，另一个游乐园里有蹦床，等等。从孩子发展的角度看，家长的确有必要定期带孩子去游乐园玩，锻炼孩子的本体感、前庭觉等平时不经常锻炼到的能力。

值得注意的是，游乐园也有高下之分。国内有大量的儿童游乐设施采用塑料材质，并配有醒目的红、黄、蓝、绿色，然而这未必会受到孩子的喜爱，有时候孩子可能玩一两次后就不再有兴趣。家长可以着重查看这些游乐设施，是否满足孩子的需求。

1. 是否满足了孩子对游乐园的基本需求点，如滑梯、蹦床。

2. 除了大型固定设施外，是否有零散的玩具可以操作和搬运，如能够骑乘的很轻的小马摇椅、海绵块或海绵球等，这些可移动的玩具能够激发出想象性的游戏。

3. 设施对孩子是否有挑战，如滑梯的高度是否吸引孩子。

4. 能否激发孩子做出不同类型的动作，如一根吊绳可以用来摆荡、躲闪、攀爬、拉拽等。

二、户外的上下坡、台阶、绕圈路线

外出去公园或爬山时，家长不一定要带着孩子沿着既有的路线行进，可以顺着孩子的兴趣自由探索。这时候你会发现，孩子往往在你不经意的地方停留玩耍很久，如围着一个宝塔一直绕圈跑或是骑滑板车，爬上一溜台阶又顺着斜坡跑下来。这些构造在孩子眼里构成了一个循环路线，能够吸引他们往复运动十几次而不停歇（图6-7、图6-8）。

图6-7　　　　　　　　　　图6-8

三、家中的运动环境营造

家中有条件的话可以备上这样几种道具。

几块 1 米 ×1 米的体操垫：可以平铺在地上，允许孩子做跳跃运动。也可以把一边抬高形成斜坡，如在一边的垫子下垫几个靠枕，或者架到沙发上，这样孩子就能够从上往下进行侧滚、爬行、平衡走，也可以从下往上攀爬、平衡走等，还可以加上小汽车等道具进行想象性游戏（图 6-9）。

小滑梯：这个阶段的孩子将一遍遍地在家里玩滑梯，也会让他们的小汽车、娃娃等一起滑滑梯。

梯子：梯子虽然是家中维修的工具，但也是孩子的玩乐设施，这个年龄的孩子能够一遍遍不知疲倦地爬上爬下、钻进钻出。家长可以一开始先根据孩子的需要，扶着孩子上下，逐渐变成双手在孩子身体附近保护，再到没有保护。需要注意梯子放在地面上是否会打滑，以及梯子的每格是否光滑没有倒刺。

小篮球筐或足球门。

健身球：家长可以双手保护着孩子，让孩子在健身球上坐、站、趴、前后趴，这些都能锻炼孩子的本体感和平衡能力。还可以互相滚健身球，锻炼全身力量以及空间认知能力。

家中的家具也可以有一些讲究。首先，给孩子使用的家具不一定要低到孩子的身高标准，高一些的椅子、宝宝椅、沙发等会促使孩子锻炼攀爬能力和身体协调性。其次，家中的沙发也不一定总是靠墙摆放，有时候离墙隔一小段距离时，孩子就会开始从沙发背后蹬着墙攀爬上沙发，从沙发前面溜下来，又跑到沙发后面，这样循环往复运动起来。

另外，当孩子做出一些破坏性的行为时，如摔枕头、扔玩具，其实他是在探索自己新获得的身体能力，说明他在投掷等方面的动作正得到健康的发展。这时候，家长与其批评制止孩子，不如引导和参与到孩子的游戏当中，如与孩子玩抛接枕头的游戏，如果孩子扔的物品有危险性，那就可以给孩子一个替代的轻软的物品，让孩子知道什么是可接受的选择。

图 6-9

第三节 运动安全的把握

孩子的注意分配能力有限，在玩时往往注意不到同时存在的人或物的危险；孩子的空间认知能力也有限，有时候判断不好距离，包括物体的高低远近、移动的人或物的速度等。为此，当孩子在室内外运动时，家长也需要对孩子采取必要的预防和保护措施。

一、与动作相关的周围物理空间排查

（一）地面

1. 地面是否平整？是否有支棱出来的物体？
2. 地面是否过硬？一般来说，塑胶地、土地、柏油路等地面较软，适合做各种运动，而地砖等路面较硬，孩子过多跑跳会对膝盖有损伤。
3. 地面是否会打滑？一般来说，大理石地面、多数地板容易打滑。另外，雨雪天气后，地面湿滑，孩子跑跳时需要注意防止摔伤。

（二）空间

1. 家长所在的位置，是否能一眼看到孩子的全部活动？是否存在视线死角？特别是孩子在大型游乐设施玩耍时，家长需要足够了解设施的内部结构，根据孩子的能力来判断某些区域是否存在危险。
2. 孩子的运动空间内有无易倒、易碎的物体，如大花瓶、镜子、玻璃。
3. 运动场地周边有无安全隐患。如施工场地，可能会有落石、飞石等。
4. 跑跳等活动的场地是否够大，能够给孩子提供安全的缓冲。

二、运动时的器材安全性检查

小区游乐设施损耗较快，是否年久失修，扶手、连接处等存在松动？

滑板车的中轴各螺丝是否拧紧固定？轮子能否正常左右转弯？刹车是否正常？

蹦床的四周是否有围栏和软垫保护？玩蹦床时，要注意提醒孩子要平视前方，甚至可以微微低头，但不要仰着头跳，那样容易伤到颈椎。此外，最好不要家长和孩子一起跳，因为家长的体重过重，会使孩子难以找到弹跳节奏而摔倒。

孩子拿着木棍、铁棍、筷子等挥舞时，要提醒孩子不要四处乱跑，避免摔倒时被棍子戳到。

三、运动时的服装和鞋帽检查

（一）服装

1. 运动时给孩子穿柔软舒适的衣裤，避免紧身裤、牛仔裤等影响下蹲缓冲。
2. 衣服上不要带多余的系绳、花穗，避免绳子或花穗挂到凸起物上引发危险。衣服上最好也不带尖硬的装饰，如五角星等，避免摔倒时扎到身体。

3. 女孩子头上不佩戴凸起的发卡等装饰，避免摔倒时扎到头颈。

（二）鞋

1. 鞋底可以硬一些，以保护足弓，避免脚受到过多磨损。

2. 鞋的前部最好有一圈坚硬的包裹防护，因为孩子常喜欢四处踢，这样能保护脚趾。

3. 鞋的大小以孩子前脚顶着鞋前部、家长能在孩子脚后跟处伸进一根手指头为宜。

（三）帽

天气过热或过冷时，孩子可以戴着帽子运动，但要注意帽子最好不要妨碍孩子的视线。

四、同伴的年龄与人数

（一）人数

1. 活动区域内孩子的人数是否过于密集？这容易出现互相拉扯、绊倒等情况，特别是滑梯口处、上下台阶处、圆形通道里。

2. 跳蹦床时，孩子人数过多也容易发生碰撞和踩踏，需要家长控制好人数。

（二）年龄

1. 如果同伴的年龄更小或是身体能力更弱，要提醒自己的孩子尽量不去碰撞同伴，以避免伤害。

2. 如果同伴的年龄更大或是身体能力更强，要留意同伴可能在运动中因不耐烦等待而推搡，特别是在滑梯口、台阶口的地方，注意保护好自己的孩子（图 6-10）。

另外，需要及时给孩子剪手指甲、脚趾甲，避免运动过程中损伤到指甲，或者把其他孩子抓伤。同理，其他孩子的手指甲过长也可能会抓伤自己的孩子。

图 6-10

五、看护者如何保护孩子

1. 看护者要熟悉孩子喜爱玩的器材或活动的特点，密切观察孩子的一举一动，选择站在既不影响孩子的活动，又能在必要时迅速出手触摸到孩子的位置，时刻做好出手保护的准备。

2. 带孩子出去玩时，要穿便于走路和跑动的鞋子和衣服。

3. 学习保护孩子的方法。

一是孩子从上往下跳时，看护者站在落地点的侧面，做好保护的准备，即一手挡住其腹部、一手托住其腰部。

二是孩子做移动的动作，如跑、玩滑板、骑车等，要在侧面与孩子一起移动；当孩子要摔倒时，一手从胸前、另一手从背部将其抱起。

三是孩子玩滑梯时，站在滑梯底部的一侧，当孩子落下时一手挡住其腹部、一手托住其腰部，减缓向前的冲击力。

四是孩子玩秋千时，确保孩子寄上了安全带，站在孩子可能被抛出的前侧或后侧，做好出手营救的准备。

六、孩子的运动安全教育

大多数时候，孩子的运动安全意识不是靠说教，而要靠自身的体验获得的。要让孩子在安全的环境下，探索自己身体能力的边界。德国有一项调查显示，德国每年有180万儿童出现事故，其中大多数是那些不经常运动的儿童，因为他们缺少经验、力量和技巧，在面对危险的时候，往往反应迟钝，不能及时规避风险。所以，提高运动的安全性，一方面，要让孩子独立和更多地参与运动，让他们具备基本的运动能力。另一方面，让孩子练习一些基本的自我保护技巧。下面是一些简单实用的方法。

1. 跳起落下时一定要弯膝、身体稍微前倾。

2. 落下或摔倒时若有往前的惯性，让孩子学会低头前滚。体操的前滚翻是每个孩子应该学会的一个基本的技能，对一生的安全帮助很大。

3. 即使不做前滚翻，手撑地时一定要五指朝前内，避免朝外。否则，很容易肘关节脱臼。

4. 落下往后倒地时，低头团身后滚。

第四节　如何让运动能力弱、胆子小的孩子动起来

一、父母树立榜样

世界上最好的老师是父母，世界上最好的玩伴是父母，至少在生命早期是这样。而父母心态、行为、情绪、信念对孩子的影响，都将持续一生。父母可以做出有趣夸张的动作，让孩子感到这个活动似乎很有趣，吸

引孩子参与进来。

二、"小步子"策略

当一个挑战过于严峻时,任何孩子都可能会退缩,这表明他们有着很好的自我保护意识和空间认知能力。这时候,家长可以将挑战拆解成几个更小的挑战,引领孩子一步步获得成功。

比如,孩子不敢戴着泳圈跳进水里,一开始家长可以先在水里,双手抱着他从岸上入水;随后变成双手握着他的手,让他主动跳进水里;接着变成一只手握着他的手让他跳进水里;再变成两手都不握着他,但离他的手很近,他可以身体往前探就能抓到;再逐渐加大你的手和他的距离。这样慢慢地,他已经在不知不觉中能够自己主动跳进水里。当他意识到这一刻时,他将会多么为自己感到惊喜而自豪!他将由此开始一遍遍地尝试自己跳进水里。

三、多种激励

如果正面"小步子"引导还不足,另一位家长可以扮演他的同伴,做一个跟跟跄跄的示范,让孩子知道本就不存在对错,也没有那么难,他也可以尝试一下做到。如果仍然不行,家长可以换一个场景,在另一种场景下再带孩子尝试类似的动作,消除孩子对于固定场景的恐惧。

四、再多一点耐心与信任

孩子的个体差异非常大。比如,有的孩子从小就喜欢玩沙子,有的孩子直到3岁仍然惧怕沙子。作为家长的我们需要了解到,孩子的成长不是一场考试,并不存在半岁必须会爬、两岁必须会双脚跳的"达标"线,孩子只是在以他自己的速度发展。我们需要坚定地信任孩子，相信他总有一天可以做到，然后给他足够的耐心，陪伴他做出一点一滴的尝试和进步。很多时候，孩子做不会一个动作，或是不敢去做，往往是由于他们意识到你对他的期望如此之高，他害怕会让你失望。这时候你需要告诉他，没关系，有妈妈爸爸在呢，咱们一起努力。

第五节　大自然的呼唤

对于孩子的运动环境，大体可以做出这样的排序：室内＜户外＜野外。再精致的室内环境，也难以激发出孩子在户外展现出来的欣喜、期盼、探索、自由和创造力。而即便是户外的公园、人造景观，也难以与野生的森林、山川相比拟（图6-11）。

美国进行了一项实验研究，结果表明，经常到森林里玩的幼儿显示出了更强的创造力，能提出更多的新点子。经历和眼界的开阔还将影响孩子的游戏质量和深度发展。

图6-11

比如，当孩子们看到地上的一条曲线时，有的孩子会联想到中午吃的面条，有的会联想到牙刷的波浪纹，有的会联想到九曲十八弯的山路。他们所联想到的，又将调动与这些事物相应的词汇、记忆和思维的发展。

孩子所处的运动环境，将影响他们的智力、性格和胸怀。

一、泥土、石头、树叶、小草的乐趣

对孩子而言，泥土地、鹅卵石远比水泥路、地板砖有趣得多。这个年龄的孩子喜欢收集小石头，会把小石头当成宝贝一样，小心翼翼地装进兜里，从大老远的地方一直装回家。他们也喜欢踩厚厚的落叶，在草地上踢球（图 6-12）。

图 6-12

二、登山的乐趣

爬山时会看到鸟窝，听到很多鸟的叫声；会辨认不同的树，发现这些树的树干和树叶有什么不同（图 6-13）；会爬台阶，走上下坡；会踩厚厚的落叶；会忽然发现正在慢慢移动的昆虫；会收集到几块小石头。当然，很多时候会需要背孩子。

图 6-13

三、河畔的乐趣

河边最好玩的莫过于往河里扔石头。大石头水花大，小石头扔得远，爸爸还能让石头在河面"跳"几下。扔石头的过程正是孩子在练习用全身的力量进行投掷的过程（图6-14）。

河边还可能有人在钓鱼。孩子能观察到钓鱼竿、鱼食、甩竿、摇线、钓上鱼来的过程。

夏天的时候，还可以脱了鞋走进小溪流蹚水玩。

图 6-14

四、沙滩的乐趣

这个阶段大多数孩子喜欢玩沙子，少数孩子可能从小就怕沙子，不过到了2岁以后，随着孩子逐渐长大，也逐渐消除了恐惧。

在沙滩上，可以用玩具套装堆城堡（图6-15）。家长也可以积极参与进来，对于家长来说，玩沙子是

图 6-15

非常治愈的游戏。当你看到刚堆好的城堡被海水淹没时,心中既有遗憾,又有释然。好多事何必那么介怀呢!家长也可以发挥一些创造力,比如,能否搭建一个好几圈的城堡?或是前后好几层的院落?能否将海水引流进城堡,形成一个城堡内的水系?能否造一座十七孔桥?

这个年龄的孩子,往往只能很简单地往桶里装沙子,倒出去,往里浇水。2岁后他们还经常会有意破坏掉你刚搭好的城堡。

五、水上活动的乐趣

会游泳的家长可以带孩子划划船。船桨划过水面激起的涟漪和小旋涡,能让孩子入神地看很久(图6-16)。水面上有时能够看到野鸭、飞鸟和跳起的鱼,感受大自然的生命。也可以专门给孩子准备一个小船桨,或者水枪,让孩子也不闲着。

图 6-16

六、冰雪活动的乐趣

孩子享受冰雪活动的乐趣。有时候在冰面上还能看到冰下面被冻住的鱼。孩子喜欢让小汽车从雪上滑下来。在冬季冻得厚的雪坡上,家长还可以挖上几个小洞,把雪坡变成攀岩墙(图6-17)。

图 6-17

本章小结

　　1.5~3岁的孩子已经能够比较自如地跑、跳、投、爬了,他们的能力增强,探索自然、挑战自我的欲望越来越强烈。在这个快速发展期,家长要为他们创造各种身体活动的机会和环境,让他们去体验大自然的四季变化,去感受大海、山川、沙漠、天空的力量。随着他们活动种类和范围的扩大,安全风险也同步增多。安全意识教育和自我保护技巧的学习必须提到重要的议程中。

第七章

3~6岁如何运动

中国有句古话：3岁看大、7岁看老。这个说法是有一定道理的。从大脑的发育来看，3岁时脑重为1010克左右，7岁时达到1280克，已非常接近成人的脑重（1400克）。正如前面多次强调的，运动对孩子的成长有着不可替代的作用。3~6岁是孩子从家庭走向社会的过渡期，是身体和大脑成长的关键期，是社会情感和价值观形成的初始期。此阶段身体运动的多少、好坏，不仅会影响到小学入学时的准备，还会对未来学习和生活质量产生影响。

第一节 3～6岁孩子有什么特点

3岁以后的孩子已经具备了走、跑、跳等基本运动能力,活动量越来越大,除了吃饭、睡觉外,几乎没有多少闲着的时候,体内的热量消耗相对增多,所以身体开始变瘦,皮下脂肪减少。平均每年身高增长5～6厘米,体重每年只增加1.5～2千克。在5岁前动大于静,代谢旺盛,需要充足的氧气和营养才能保证正常活动,对缺氧、低血糖、低血压很敏感。由于肺弹性组织发育较差,血管丰富,呼吸系统免疫力差;心脏收缩力不强,心跳较成人快;调节心脏节律的神经系统发育还不完善,心脏节律变化大。

一、3～4岁孩子

(一) 幼儿生理特点

1. 骨骼硬度较小,弹性较大,可塑性强。

2. 大肌肉群发育得早,跑、跳已经很熟练(图7-1)。

3. 小肌肉群发育还不完善,手的动作还很笨拙,一些比较精细的动作还不能成功完成。

4. 肌肉体积小,收缩力弱,肌肉力量差,特别容易受损伤。

图7-1

5. 心脏心腔小，心肌薄，心肌收缩力小，心跳快。

6. 肺组织的弹力纤维少，肺活量小，呼吸弱。

（二）身体运动能力

1. 能熟练地跑动，逐步从全脚掌着地到脚尖脚后跟交替跑，开始学会摆臂，并调整速度或方向以避开障碍物。

2. 可成功越过一定的空间。

3. 能一只脚独立一会儿（3～5秒）。

4. 能接住一个大球（球越大，对幼儿准确度要求越低）；接球时短暂反应后抓住球抱在胸前。

5. 会按直线和圆圈的方式运动。

6. 会尝试不同的移动方式，如翻滚、爬行、跑步、大跳、跨越、滑行等。

7. 能从高往下跳并恰当地落地。

8. 上楼梯、台阶或攀爬时会换脚交替做。

9. 当带着一个小物体下楼时，两脚一个台阶一个台阶地走。

10. 踢球时：站立在球后方保持不动，击球腿置于支撑腿前，通过伸展击球腿使球前进。当孩子前进时，他始终位于球的后方，摆动击球腿于支撑腿后，快速伸展击球腿踢球前进。

11. 用球拍去接球时，站着不动地面向传来的球，在前面由高到低挥动球拍（有明显挥拍意识，但没有准确度，对空间的判定较差）。

12. 投掷：身体侧向站立、向前移动，依次由髋带动躯干—肩—发力臂向前抛出（不能掷远，一般这个年龄的孩子潜意识对投的意识就是出手点在脑后，所以导致出手过早而见高不见远）。

13. 骑车。能骑两侧带小轮的自行车，并学会使用手闸（图7-2）。

图 7-2

总之,这个年龄段的孩子协调和平衡能力在逐步发展,身体开始变得协调而灵活,他们会从运动中感受到自由、快乐和自信。

(三) 心理和社会发展

3~4岁幼儿已经发展了各种基本的感知觉。

1. 能够分辨红、黄、蓝、绿等常见颜色。
2. 能辨认上、下、前、后方位。
3. 认识圆形、方形、三角形。
4. 能较准确地辨别各种声音。
5. 能通过手接触更多的物体,从而知道物体的凉热、软硬等特征。
6. 能分辨物体的大小和远近;能区分白天和黑夜。
7. 神经系统易兴奋,注意力不集中。基本注意力持续时间在 10 分钟左右。
8. 不能设身处地地为他人着想,甚至去理解他人的感觉,但能够自己选择朋友,同时拥有比较固定的玩伴。

二、4~5岁孩子

(一) 生理特点

1. 肺泡数在4岁时接近成人，但肺泡体积小，肺活量差。
2. 连接小脑和大脑皮层的纤维髓鞘化达到高峰。
3. 肌肉开始能支持躯体的重量，对肌肉的控制越来越好，能够做出一些基本的大动作，如蹦跳、游泳、跑步、溜冰等。
4. 能较为熟练地完成一些精细的动作，如绘画、弹琴、用筷子、扣纽扣、系鞋带等。

(二) 身体运动能力

4岁后孩子的身体运动能力发展具有以下特点。

1. 大动作进一步发展。

1）跑步幅度加大、脚不同部位依次落地。

2）可做一些更为复杂的动作，如单足跳、跨跳、连续跳以及双腿开合跳等。

3）跨跳步幅较大，但节奏不一定好。

4）立定跳远有腾跃动作，但跳的距离不远。

5）走两到三步踢中球。

6）双臂置于身前去接球，接后抱在胸前。

7）用球拍去接球时球拍始终围绕身体。

8）将球或其他物品投掷到指定区域。

9）开始按逆时针方向运动和直线往返移动。

10）在与其他儿童玩赛车和追逐游戏时，成功地越过空间、调整速度或改变方向以避开障碍物。

11）有信心和能力围绕器材攀爬，或从下方、上方移动。

12）在推、拍、投掷、接球或踢球时准确性增强。

2. 小肌肉群开始发展，精细动作有显著的提高。

1）用拇指和两个手指握住铅笔，不再使用整只手抓握，且能良好地控制使用。

2）可以抄写一些字母，如自己名字的字母。

3）单手使用工具和设备，如用儿童剪刀剪纸。

4）安全地控制工具、物体。

5）显示惯用手的偏好。

（三）心理和社会发展

1. 神经系统出现结构性发展，内抑制开始蓬勃发展。

2. 兴奋过程比以前增强，睡眠时间逐渐减少。

3. 开始能辨别出前后方位。

4. 会留心别人的游戏，会互借玩具，有时会加入对方的游戏中，并且相互交谈，但没有建立大家一致认可的共同目标，没有真正的组织者或领导者。

1）在联合游戏中开始表现出明显的社交行为，但每个儿童在游戏中仍以自己的兴趣为中心。

2）会认识到存在不同的意图或观点。

三、5～6岁孩子

（一）生理特点

1. 身体的各部分比例逐渐向成人比例的方向发展。

2. 软骨继续骨化（幼儿骨骼由骨和软骨组成，软骨骨化要到10～13岁才能完成）。

3. 脊柱的胸曲在5～7岁固定。

4. 大肌肉已比较发达，能灵活、协调地掌握基本动作，走路速度基本与成人相同。

5. 小肌肉发展迅速。手指已能自如地控制手腕进行各种活动。例如，灵活地使用剪刀，会用橡皮泥等材料捏出各种造型等，还能正确地使用画笔、铅笔进行简单的美工活动。

6. 平衡能力明显增强，能攀爬、滑行等。

7. 动作的灵活性增强，可以进行比较复杂的运动和活动（图 7-3），如单脚跳、多种方法玩球、玩绳等；能伴随音乐进行律动与舞蹈。

图 7-3

8. 有一定的自我保护意识和合作意识。

（二）身体运动能力

5 岁后孩子的运动能力进一步提高，协调性增加。

1. 能连续走 20~30 分钟的路程。

2. 跑跳自如。在保持平衡状况下能完成连续跳、飞奔、跑、滑步、跳跃、跨跳、立定跳远等动作。

3. 跑的时候会躲闪、追逐，跑得协调，平衡能力较强。

4. 会拍球、踢球，可以边跑边拍，边跑边踢；但对球的控制能力还是比较差。

5. 用手运球、用脚传球、用拍子击球、跳绳等。

6. 开始喜欢集体游戏，在玩的过程中，常常改变规则，创造新花样。

7. 对于有挑战的运动充满兴趣，喜欢争第一。

8. 愿意独立完成一件事，更喜欢和大人合作。

（三）心理和社会发展

动作的发展不是肌肉、骨骼、关节的孤立发展，而是在与知觉、动机、情绪等系统相互作用中发展的。5～6岁孩子的心理和社会发展具有以下的特点。

1. 大脑发展加速，大脑成熟超过90%。随着幼儿脑结构的形成，脑的机能也发展起来，抑制过程加强，可以逐渐控制自己的行为，减少冲动性。

2. 优势脑半球已经形成，左右脑分工明确。

3. 语言表达能力明显提高。

4. 个体的抑制控制力增强，注意力集中时间能延长约15分钟。

5. 记忆力发展迅速。

6. 从5岁起就有了集体活动的共同目标。

7. 有强烈的求知欲和兴趣。经常提出各种各样的问题，学到一些新知识或技巧后，会感到满足，而且喜欢对别人讲。

8. 抽象逻辑思维出现萌芽。能根据概念分类，按类别记忆；掌握了整体和部分的包含关系；对因果关系也有所理解。组织策略和计划行为大约在6岁出现。

9. 个性开始形成。针对别人的意图或者观点，会在行为举止上做出反应。能较好地建立起社会规则与自己行为的联系、自身行为与他人反应的关系。在意识行动中用各种方法控制自己，情绪较以前稳定，思想感情开始有内隐性，调节自己情绪情感表现的能力已有一定的发展。重视成人和同伴对自己的评价，能积极与人交往，也希望同伴接纳自己。

第二节　3～6岁孩子身体素质如何发展

身体素质是人体在运动、劳动和日常活动中，在中枢神经调节下，各器官系统功能的综合表现。身体素质是一个人体质强弱的外在表现。它的发展好坏直接影响幼儿动作完成的质量和新动作形成的快慢。在体育教学活动中发现幼儿身体素质的好坏与遗传有关，但与后天的营养和体育锻炼的关系更为密切，通过正确的方法和适当的锻炼，可以从各个方面提高身体素质水平。

一、身体素质包括哪些

身体素质通常包括力量、速度、耐力、灵敏度、柔韧性五个方面。

（一）力量素质

它是指人的机体或机体的某一部分肌肉工作（收缩和舒张）时克服内外阻力的能力。可分为静力性力量和动力性力量，或绝对力量和相对力量。

幼儿初期体内蛋白质较少，肌肉的肌纤维较细，中枢神经系统功能也没有完全发育，肌群活动不十分协调。3~6岁为幼儿身体发育的重要时期，应该安排小负荷的动力性力量训练，少用或不用负重训练，防止关节损伤导致延缓骨骼生长。

（二）速度素质

它是人体在单位时间内移动的距离或对外界刺激反应快慢的一种能力。可体现在反应速度、动作速度、位移速度三个方面。速度受中枢神经系统的机能状况和神经与肌肉调节状况的影响，也受爆发力、反应和灵敏的影响，幼儿的速度素质在5岁后可以加快发展。

（三）耐力素质

它是指人体长时间进行肌肉活动和抵抗疲劳的能力。幼儿耐力是五大机能中最弱的，无论是幼儿本身肌肉耐力或注意力都无法做长时间的耐力训练，所以耐力训练一定要耐心，从低等强度到中等强度，从短距离到长距离循序渐进。

（四）灵敏度素质

它是指迅速改变体位、转换动作和随机应变的能力。灵敏是一个比较综合的素质，要在速度和力量素质的基础上进行，也和幼儿的空间感和时间感有很大关联。所以训练方法可以多样，也可以在速度、力量基础上增加灵敏度练习。

（五）柔韧素质

它是指人体活动时各关节肌肉和韧带的弹性和伸展度。幼儿的柔韧性，年龄越小越好。3~6岁是柔韧性练习的最好时机。

二、幼儿身体素质训练如何安排

对幼儿进行身体素质训练时需要考虑前面提到的幼儿不同年龄阶段的生理、心理发展和身体运动能力发展的特点，结合各项身体素质的特点进行科学合理的安排。

（一）3~4岁孩子

1.身体素质训练应注意哪些事项？

1）重视正确的姿态和形态训练。由于孩子骨骼硬度小，弹性大，如果长期姿势不正确或受到外伤，就会引起骨骼变形或骨折。

2）幼儿应以大肌肉的速度练习、柔韧练习为主。

3）不宜进行负重练习。

4）以中小强度的有氧练习、短时间练习为主。

5）寓素质发展于游戏活动之中。

2.幼儿身体素质训练案例如下。

1）匍匐爬/钻（体操垫）——上肢、腹肌力量。

2）手膝爬（不同方向）——上肢、大腿力量。

3）双脚连续跳——弹跳力。

4）跑不同颜色的目的地——速度、注意力。

5）绕障碍跑——速度、灵敏（图 7-4）。

6）捉迷藏——综合素质。

7）射门踢球——腿部力量、眼腿协调。

8）抛接球——上肢力量、手眼协调。

9）投沙包——上肢力量。

10）躲避地滚球——速度、灵敏。

11）钻山洞——力量、灵敏。

12）小螃蟹接力——力量、柔韧。

图 7-4

（二）4~5 岁孩子

1. 身体素质训练应注意哪些事项？

1）增加大肌肉的力量练习。

2）加强对小肌肉群的力量练习。

3）加大灵敏度练习力度。

4）以速度、平衡和协调性练习为主。

2. 身体素质训练案例如下。

1）金鸡独立——平衡能力。

2）手脚触地大象走——四肢力量、协调性。

3）障碍往返跑——灵敏、速度。

4）跨障碍跳——弹跳力。

5）亲子开合跳（父亲或母亲直角坐，两腿做分—合动作，儿童则做跳合—跳分的动作）——弹跳力、节奏、合作能力（图 7-5）。

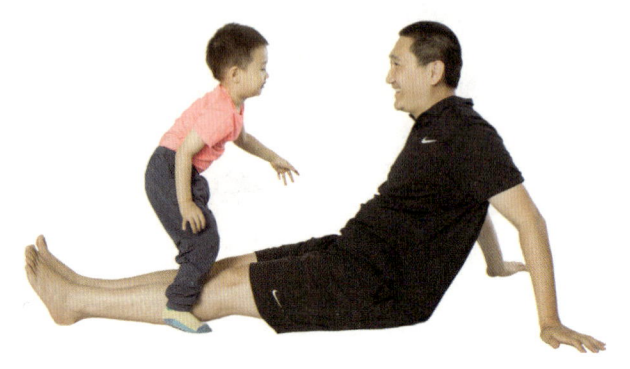

图 7-5

6）跳格子 ——力量。

7）躲避毒蛇（甩动的绳子）——灵敏、眼腿协调。

8）连续拍球比赛——上肢力量、注意力（图 7-6）。

9）跳起摸高物——弹跳力（图 7-7）。

图 7-6 　　　　　　图 7-7

10）从高处跳下——退让力。

11）推小推车——臂支撑力。

12）抛、接、传物——上肢力量、手眼协调。

(三) 5~6岁孩子

1. 身体素质训练应注意哪些事项？

1）家长要尽量为孩子创造良好的活动场所，经常带他们到较为宽敞的运动场所进行多种多样的身体游戏和运动，有意识地提高他们的身体素质和运动能力。

2）全面发展速度、力量、灵敏度、柔韧素质（图7-8），适当地进行耐力练习。

3）训练时间和强度可以适当增加，但仍要有别于青少年。

4）在素质训练中可以增加一些竞技性和合作性的练习，但不要过分强调结果。

2. 身体素质训练案例如下。

1）模仿动物爬：猫爬、虫爬、蝎子爬——力量、灵敏。

2）攀爬肋木——上肢力量。

3）反应跑（起跑、变向、折返）——灵敏、速度。

4）躲避球——灵敏。

5）跳过一定高度的障碍——弹跳力。

6）抓尾巴——速度、灵敏。

7）推小推车——上肢力量。

8）助跑单（双）脚跳障碍——速度、力量。

9）双人跳短绳——弹跳、协调性。

10）投远比赛——上肢力量。

11）投准比赛——上肢力量、手眼协调、肌肉控制力。

12）走独木桥——平衡能力。

图 7-8

第三节　3～6岁儿童可做哪些运动项目

由于体育运动门类多样，而孩子和家长的时间、精力等有限，自己的孩子什么时候可以开始专项训练以及练什么项目，一直是令许多家长困惑的一个问题。

一、几岁开始运动专项练习为好

每一个运动项目都是以特定动作技能为基础发展而成的。而动作发展是以神经系统与肌肉、骨骼、关节组织在结构上的完善为自然前提的，也就是说生理成熟为动作发展提供了必要的物质基础与生物可能性。然而，习得动作的潜在可能性要变为现实又离不开适宜的环境刺激与经验。考虑孩子开始专项训练时，既要考虑其成熟程度，即他们的生理、心理发展是否具备了从事这些运动的物质基础，也要考虑孩子在什么时候接受什么样的训练能让其运动潜力得到充分的发展。

从3～6岁孩子生理心理和运动能力发展特点来看不难发现，4岁是精细动作发展和神经系统的内抑制发展的快速期。通常，4岁后孩子可去专业培训机构或体校接受一些专项的启蒙训练，但此时仍是以培养兴趣、发现潜力和促进身体全面发展为主要任务。在这个阶段，不宜只练一个项目，应让孩子尝试不同类型和项目的体育活动，发现其真正的兴趣和天赋，并让身体不同部位和不同素质得到全面的锻炼，为身体的健康成长和未来的专项发展打下基础。体育界有一句通俗的说法："田径是体育之父，体操是体育之母。"这两个项目可以说是所有运动项目的基础。

二、选择什么项目为好

家长为孩子选择项目时需要考虑以下几个方面。

一是孩子的兴趣。

二是孩子的先天条件。如身高、体重等身体形态特征，速度、力量、柔韧性等身体素质特征以及反应快慢、专注度等心理特征。

三是不同运动项目的特点和要求。如体操需要柔韧性、协调性和爆发力，篮球和排球对身高有特殊要求，游泳需要水感等。选择那些与孩子先天条件最匹配的项目。

四是孩子的年龄。选择适合其年龄段进行的项目。

三、运动项目练习的顺序应如何考虑

家长在为孩子安排运动项目学习的顺序时需要考虑下列问题。

一是各年龄段的特征。这在前面已经提及。

二是儿童身体运动机能发展的规律，如上肢先于下肢，大肌肉群先于小肌肉群。

三是对身体发展或要求全面的项目在先，如体操；对局部能力要求高的项目在后，如射击。

四是对柔韧性、速度、灵敏度要求较高的技巧类项目优先，如花样滑冰等；对力量、耐力要求高的项目在后，如举重、马拉松。

五是个人项目在先，如游泳；集体项目在后，如足球。

六是具体形象突出的项目优先，如艺术体操；要求抽象思维、决策推理的项目在后，如棒球。

七是非负重、非身体接触类项目优先于负重和击打类项目，如标枪优先于拳击。

综合上述原则，我们推荐3～6岁孩子可依下列顺序选择2～3项运动进行重点的学习：体操、游泳、滑冰、艺术体操或花样滑冰、网球、乒乓球或羽毛球、足球、篮球或棒球或冰球（图 7-9）。

图 7-9

四、早期专门化训练

（一）可早期专门化训练的项目

加拿大运动训练学专家通过多年的研究，揭示出可以较早开始专项化训练的项目有以下几种。

1. 体操、跳水、花样滑冰等高度技巧性、非负重的项目。
2. 游泳、滑雪板、马术等高度运动知觉的项目。

尽管上述这些项目的早期专项化训练是可能的，但在训练时仍要注意训练内容、手段和负荷要符合 3~6 岁儿童的形体、肌肉、骨骼、关节和心血管系统等发育的特点。

（二）不宜早期专门化训练的项目

上述加拿大专家提出不宜过早开始的运动项目有以下几种。

1. 田径以及篮球、冰球、足球、曲棍球等高决策的团队项目。
2. 网球、棒球、高尔夫、羽毛球、壁球、击剑等视觉追踪类项目。
3. 拳击、摔跤、跆拳道等搏击类项目。
4. 滑船、骑行、高山滑雪等高耐力项目。

上述运动项目对逻辑思维能力、注意控制能力或对身体冲击力、耐力都要求很高。3~6岁儿童的身心发展还达不到这些项目的要求。如果早期开展专项化训练并不会带来实际的好处，反而会带来伤病、阻碍正常的生长发育等，出现负面影响。

（三）早期专门化训练的风险

国际上一些学者对多个项目的运动员进行追踪研究后发现，过早的专项化训练弊大于利，主要存在以下的潜在危害。

1. 身体的不均衡发展。
2. 对运动项目丧失兴趣。
3. 由过度训练导致的伤病率提高。
4. 最佳竞技水平的持续时间缩短。
5. 过早达到最佳竞技水平（赢得青年比赛而非成年比赛）。
6. 出现社会交往和心理的弱点。

五、怎么避免孩子受伤

孩子参加体育运动，在快速移动、上攀下跳时，由于惯性的作用和身体重心的不断变化而导致平衡被破坏，很容易出现摔倒甚至受伤的现象。那么，如何减少或避免孩子在参与体育活动时出现的伤害事故呢？

（一）合理安排训练

增加力量性、柔韧性和灵敏性的训练，提高孩子的基础运动能力。德国有一项研究表明，出现伤害事故的孩子80%以上平时不爱运动。

合理安排训练过程、运动量和强度，从易到难，从简到繁，循序渐进。

（二）增强安全意识

1. 注意孩子自我保护意识的训练。如从一定高度往下跳，落地时的屈膝缓冲；重心在前要摔倒时，手撑地时需要手指朝前，微向内（否则，很容易肘关节脱臼）；重心靠后落地时，学会低头、团身滚动。

2. 家长和指导员或教练树立安全意识，养成检查场地、设备、服装、鞋的习惯，及时发现问题和解决问题，防患于未然。

3. 家长或教练要注意观察每个孩子的表现，如出汗、何时出现效率下降等。3~6岁孩子神经系统的兴奋高于抑制，当他们玩得高兴时往往不知道疲劳。因此，不能只问孩子累不累，在得到不累的答复后让其随心所欲地玩下去。这样做很容易导致孩子过度训练，进而出现伤病。

4. 要求孩子在做动作时，养成专注的习惯。不嬉笑、不吃东西、不打闹。

（三）器材、设备和布局

1. 在条件许可的情况下，借用现代技术，如佩戴加速度计或腕表来监测运动量和心率变化情况。

2. 给孩子购置适宜运动的服装和鞋，重视功能和质量。运动时，尽量不佩戴首饰和不需要的装饰。

3. 注意活动空间的大小和布局。当试用器具、做跑跳动作时一定要留有足够的空间供其伸展或缓冲。

第四节　如何让孩子坚持参加一项运动

一、如何培养和引导孩子的运动兴趣

发现孩子对某项运动感兴趣时，给予鼓励。尤其是当他们做出一个不错的动作或使用一项不错的技能时，如踢中一个球或接起一个球时，要对

这个成绩给予及时的肯定和赞扬。

与孩子一起做他喜爱的运动，分享运动时的快乐和感受。

为孩子报名参加所喜爱的运动项目的兴趣班或俱乐部接受专门的训练。

让孩子将幼儿园或夏令营所做的体育游戏和活动做给你看。对他们做的事情和所取得的成绩表现出真诚的兴趣。

把所喜爱的项目的运动服、鞋或小型器具作为奖品或礼品送给孩子。

与孩子一起在电视或现场观看所喜爱项目的比赛，讨论所喜爱的明星和他们的故事。

到五六岁时可以让孩子参加所喜爱项目的表演或比赛，让他们获得成就感和荣誉感。

二、孩子不喜欢运动怎么办

一是家长言传身教。家长是孩子的第一任教师。喜爱运动的家长会在孩子出生后就带着孩子运动、看比赛、谈训练等，在潜移默化中孩子会产生对运动的兴趣。

二是与孩子一起做亲子体育游戏或活动。

三是创设适宜运动的家庭环境，如在较为宽敞的房间放置一些色彩鲜艳的体育器材，如垫子、球、篮筐、自行车、滑板等，让孩子产生运动的冲动。

四是在生活中，创造孩子活动的机会，如让孩子跑过去或跨过障碍物去给你拿一样东西，拿到后给予肯定和赞许。

五是常带孩子一起到户外登山、滑冰、跑步等，在大自然中享受体育的乐趣。

六是邀请亲朋好友的孩子一起做体育游戏，一起参与体育俱乐部的训练。在同伴的影响和陪同下，持续参与体育活动。

第五节　针对3～6岁儿童的亲子体育活动方案

一、3～4岁孩子的体育活动方案

1. 捉迷藏。
2. 牵着孩子的手上下坡跑。
3. 垫上滚动（图7-10、图7-11、图7-12）。

图7-10　　　　　图7-11　　　　　图7-12

4. 父母跪撑或仰撑，孩子从腹部或背部下方爬过去后爬到父母身上（图7-13、图7-14）。

图7-13　　　　　图7-14

5. 相互踢球（图 7-15、图 7-16）。

6. 相互传球（球触地后再接）。

图 7-15　　　　　图 7-16

7. 坐高高：孩子分腿坐在大人双肩上，两手扶住大人的头，大人双手握住其小腿。这对于培养孩子的空间感、平衡能力都有好处（图 7-17）。

图 7-17

二、4～5 岁孩子的亲子体育活动方案

当孩子对某项运动表现出兴趣和一定的潜力时，家长可送其去专业培训机构开始一些对小肌肉群要求较高的专项练习，如体操、滑冰、篮球、足球等。

在家中或社区，家长可与孩子一起做以下活动。

一是进行跳房子／格子、跨越障碍等游戏（图 7-18）。

二中可与孩子玩拍球游戏。

三是用羽毛球拍子接发软球游戏等（图 7-19、图 7-20）。

图 7-18　　　　　图 7-19　　　　　图 7-20

四是左、右手抛接沙包。

在做各种身体游戏运动时，可以使用长方形、三角形等多种形状的器材，并仍要多做示范，适当增加语言提示。

五是父母分腿坐，孩子从一侧跳过一腿到中间，再跳过一腿到另一侧（图 7-21、图 7-22）。

图 7-21　　　　　图 7-22

三、5～6 岁孩子的亲子体育活动方案

家长可在更加空旷的场地与孩子一起玩规则明确的竞赛游戏。

跟孩子一起踢足球、打篮球或棒球等。

邀请亲朋好友一起玩集体竞赛类游戏，培养孩子的合作意识、规则意识和体育运动技能（图 7-23）。

陪同孩子去参加训练和比赛，但竞技性不能太强，家长尽量淡化输赢，注重技能和参与的快乐，少谈结果，多问过程。

在游戏运动时，可要求孩子用语言来阐述做游戏或动作时要注意的事项或完成后的感受，把身体运动与语言、思维发展综合起来考虑。

图 7-23

四、开发孩子认知和创造力的体育活动方案

为儿童提供真正的角色任务和角色扮演的机会，创造路径，例如，道路布局或去野餐。

鼓励孩子们努力去完成系纽扣、倒饮料等手部精细动作。

提供"工具箱"，其中包含制造标志的东西，让孩子在室内和室外探索这些工具的使用。

在水上游戏时提供不同尺寸和形状的容器，锻炼他们的视觉空间和形象感。

备有大小不同的积木和箱子供室内和室外建筑使用。

让儿童玩自己站在里面、后面、上面等游戏，培养他们的方位感和空间感。

通过游戏和游戏用到的各种设备，为孩子提供比较长度、重量、容量和时间的机会和经历。

实用贴士

1. 拍球数量少怎么办？

孩子在4岁前拍球数量少不用担心。因为，拍球需要掌管手臂的大肌肉群和控制手指的小肌肉群共同工作，同时需要孩子注意力集中在球上，需要根据球的高低和远近来调整手的位置、移动脚步。4岁后通过训练可以迅速提高。

1）年龄小的孩子可以从大的、较轻的球开始拍。
2）从双手拍球过渡到单手拍球。
3）从身体直立拍球到弯腰拍球。
4）跟着音乐节奏拍球。
5）拍球比赛，看谁拍的次数多。

2. 不会跳绳怎么办？

跳绳是一项对协调性要求较高的全身运动，需要躯干、腿部大肌肉群、控制手腕和手指的小肌肉群协同工作，对神经系统的协同控制提出了很高的要求。同样，是在4岁前难以完成的一个练习。4岁后孩子学习跳绳可以采取以下步骤。

1）徒手模仿，练习摇绳（手腕动作是跳绳的关键）。
2）徒手模仿，练习摇绳跳绳的动作过程。
3）分解练习摇绳—跳。
4）完整做摇绳—跳一次。
5）从一次跳2个、3个，逐步增多。

本章小结

3~6岁是决定孩子未来发展的关键期。他们已经掌握了走、跑、跳、投等基本的动作技能，具备一定的生存能力。此时，可借用不同运动项目的器材和手段来发展基本的动作技能和运动技能，但不宜过早进行专项运动训练。通过身体活动来培养孩子的注意力、认知灵活性、社会交往能力，促进孩子身体、心理和社会适应能力的全面发展。

第八章
身体运动能力的观察与评价

对于如何评价孩子的身体运动能力，国内外有不少观察和评价的标准和方法。这里介绍国内外流传较广、较为权威的几个工具，供参考。

第一节　美国粗大动作测试量表简介

粗大动作测试（TGMD）由美国耶鲁大学 Dale A. Ulrich 博士于 1985 年编制，经过美国 8 个州近 1000 个实验样本的数据检验和校正，2000 年修订了第二版，经检验是一种结构合理、信度和效度都比较高的测量方法。此前该量表又修订了第三版。这里向大家介绍广为流传的第二版粗大动作测试（TGMD-2）。

粗大动作测试量表的出现，填补了 3~10 岁儿童的粗大动作发展水平评估的一项空白。此前面向儿童的动作行为评估，如 Alberta 婴儿运动量表、Bayley 婴儿发育量表、Peabody 运动发育量表、Gesell 发育量表等，存在着若干局限，包括：多适用于 3 岁以内的婴幼儿，对于 3 岁以上的儿童缺乏评估能力；适用于筛查运动能力异常的儿童，但对于运动能力正常的儿童缺乏指导价值；主要测量肌肉在时间、距离等方面的表现，但无法衡量动作的完成过程和发展水平；里程碑式的标准或参考范围，对实际教学缺乏指导价值。TGMD 为评估 3~10 岁儿童的粗大动作发展提供了可量化的、过程性的评价工具，因此在美国的体育教育教学和研究中成为一项经常被采用的测试。

一、测试内容

该量表由 12 个动作技能组成，包括跑步、前滑步、单脚跳、前跨跳、立定跳远、侧滑步 6 个移动性动作以及原地拍球、踢球、击固定球、双手接球、上手投球、地滚球 6 个操作性动作。

二、评定标准

每个动作技能由 3~5 个动作标准来评估,每满足一个标准得 1 分,达不到标准则不得分,然后对各标准的得分进行累计。每个动作让孩子进行 2 次尝试(表 8-1、表 8-2)。

表 8-1 TGMD-2 移动性动作测验量

受测者编号: 　　　　惯用手:右□ 左□ 未建立□

　　　　　　　　　　惯用脚:右□ 左□ 未建立□

动作	场地器材	测验方法	评分标准	试做一	试做二	得分
跑步	至少18米长的无障碍空间和两个交通锥	在15米距离的两端放置交通锥,确定第二个交通锥后有2~3米的减速缓冲距离。告诉小朋友当老师说"开始"时,以最快速度从第一个交通锥跑到第二个。重复做一次测试	手臂摆动和腿相对,手肘弯曲			
			有短暂时间两脚同时离开地面			
			以足跟或脚趾着地(非整个脚平面着地)			
			非支撑脚(悬空)弯曲大约90°(接近臀部)			
		跑步动作分数:				
前滑步	至少7.5米长的无障碍空间和2个交通锥	在7.5米距离的两端放置交通锥,告诉小朋友以"前滑步"的方式从第一个交通锥跑到第二个。重复做一次测试	在起点时,手臂弯曲且举起到腰高度			
			当前脚踏出时,后脚能紧跟着前脚踏出			
			有短暂的时间两脚同时离开地面			
			能维持四个连续规律"前滑步"的方式前进			
		前滑步动作分数:				

续表

动作	场地器材	测验方法	评分标准	试做一	试做二	得分
单脚跳	至少4~5米长的无障碍空间	告诉小朋友用惯用脚往前连续跳三次之后，再用非惯用脚连续跳三次。重复做一次测试	非支撑脚呈钟摆运动以产生力量			
			非支撑脚的足部依然留在身体后面			
			手肘弯曲并摆动以产生力量			
			惯用脚能连续不断地跳三次（离地、着地）			
			非惯用脚能连续不断地跳三次（离地、着地）			
单脚跳动作分数：						
前跨跳	至少6米长的无障碍空间、沙包和胶带	在地上放置沙包，在对应3米处贴一块胶带，让小朋友站在胶带上，然后跑步并跨跳越过沙包。重复做一次测试	起跳脚和着地脚不同			
			有短暂的时间两脚同时离开地面，且时间比跑步时长			
			往前伸的手臂和前导脚相对应			
前跨跳动作分数：						
立定跳远	至少3米长的无障碍空间和胶带	以胶带做一条起始线，要小朋友站在线后，告诉他们尽自己能力往前跳。重复做一次测试	预备动作时膝盖弯曲且双臂向后伸展			
			手臂向前上方充分伸展			
			双脚同时起跳和着地			
			双脚落地时手臂下压			
立定跳远动作分数：						

续表

动作	场地器材	测验方法	评分标准	试做一	试做二	得分
侧滑步	长约10米的平坦场地、地上明显的线和两个交通锥	放置2个交通锥在10米线的两端，告诉小朋友以"侧滑步"方式从一端到另一端再回到原点。重复做一次测试	身体转向侧面，肩膀和地上的线平行			
			当前脚往侧边踏出时，后脚能紧跟着前脚踏出			
			至少4个向右连续侧滑步循环			
			至少4个向左连续侧滑步循环			
侧滑步动作分数：						
移动性动作测验原始分数（6个动作总分）：						

表8-2　TGMD-2操作性动作测验量

受测者编号：　　　　惯用手：右□ 左□ 未建立□

　　　　　　　　　　惯用脚：右□ 左□ 未建立□

动作	场地器材	测验方法	评分标准	试做一	试做二	得分
原地拍球	直径在20~25cm适合3~6岁儿童的小篮球，以及一块硬平地	告诉受试者脚不移动拍球4次，拍完球后接球停下。重复做一次测试	一只手拍球，高度不超过腰部			
			用手指拍球（不是手掌）			
			球落地时在脚前或侧方			
			保持控球，连续4次拍球，脚不移动			
原地拍球动作分数：						

续表

动作	场地器材	测验方法	评分标准	试做一	试做二	得分
踢球	直径20~25cm的塑料球或小足球，胶带/画线，沙包，长约10米空地	离墙30英尺（9.1米）处画一线，离墙20英尺（6.1米）处再画一线。球放在沙包上面6米处的线上，告诉受试者从起跑线上助跑，然后用力将球踢出。重复做一次测试	连续助跑接近球			
			踢球前的最后一步要大			
			支撑腿在球侧方或稍侧后方			
			用脚尖或脚内侧踢球			
踢球动作分数：						
击固定球	直径10cm的轻球，塑料球棒，支撑架	将球放在支撑架上，高度为孩子腰部。告知孩子用力打球，重复做一次测试	优势手在上，非优势手在下握棒			
			两脚平行站立，非优势体侧面向击打方向			
			击球时伴随肩与臀部的转动			
			重心移至前脚			
			球棒击到球			
击固定球动作分数：						
双手接球	直径10cm的塑料球，长约4.5米的空地，胶带/画线	将标志物置于4.5米两边的线上，孩子站在一边，抛球者在另一线上。下手抛球稍有弧度至儿童的胸部高度。告知孩子要双手接球。只计算落于肩部和腰部之间的抛球，重复做一次测试	预备时手臂在体前，肘部弯曲			
			接球时手臂伸出			
			只能用手接球			
双手接球动作分数：						

续表

动作	场地器材	测验方法	评分标准	试做一	试做二	得分
上手投球	网球，墙面，胶带/画线，长约6米空地	离墙6米处放置一胶带/画线。让孩子站在胶带后面面对墙，用力朝墙投球，重复做一次测试	面向墙站立，手臂开始挥动时，向下后弧线运动			
			然后，髋和肩部转动至非优势体侧面对墙			
			移动重心至前脚和投掷手相对			
			球投出后投掷臂自然摆过身体至非优势体侧			
上手投球动作分数：						
地滚球	网球，2个标志物，胶带/画线，长约8米的空地	墙边放两个标志物，相距1.2米，离墙6米处放置一胶带/画线，告知儿童用力向两个标志物间滚球，重复做一次测试	面对墙，投球的手向后面摆动至体后			
			与投球手相对的脚向前迈出一大步			
			弯曲双腿以降低身体重心			
			投出的球贴近地面，不要弹起超过10厘米			
地滚球动作分数：						
操作性动作测验原始分数（6个动作总分）：						

第二节 《3~6岁儿童学习与发展指南》关键目标介绍

2012年，我国教育部颁布了《3~6岁儿童学习与发展指南》（以下简称《指南》），指明了孩子在幼儿阶段身心发展的独特性，提出了3~6岁各年龄段孩子的学习与发展目标和相应的教育建议，对防止和克服学前教育"小学化"现象提供了具体的方法和建议。目前《指南》是我国各地幼儿园严格遵守的教育指导文件，也为孩子的父母提供了有益的教育建议。

《指南》提供了幼儿在健康、语言、社会、科学、艺术五大领域的发展目标。这里仅介绍与身体运动直接相关的健康领域的建议。

一、《指南》健康领域的关键目标

（一）身心状况

1. 具有健康的状态。
2. 情绪安定愉快。
3. 具有一定的适应能力。

（二）动作发展

1. 具有一定的平衡能力，动作协调、灵敏。
2. 具有一定的力量和耐力。
3. 手的动作灵活、协调。

(三) 生活习惯与生活能力

1. 具有良好的生活与卫生习惯。
2. 具有基本的生活自理能力。
3. 具备基本的安全知识和自我保护能力。

二、《指南》健康领域的教育建议

(一) 身心状况

1. 为幼儿提供营养丰富、健康的饮食。
2. 保证幼儿每天睡 11～12 小时，其中午睡一般应在 2 个小时左右。午睡时间可根据幼儿的年龄、季节的变化和个体差异适当减少。
3. 注意幼儿的体态，帮助他们形成正确的姿势。
4. 每年为幼儿进行健康检查。
5. 营造温暖、轻松的环境，让幼儿形成安全感和信赖感。
6. 帮助幼儿学会恰当表达和控制情绪。
7. 保证幼儿的户外活动时间，提高幼儿适应季节变化的能力。
8. 经常与幼儿玩拉手转圈、秋千、转椅等游戏活动，让幼儿适应轻微的摆动、颠簸、旋转，促进其平衡机能的发展。
9. 锻炼幼儿适应生活环境变化的能力。

(二) 动作发展

1. 利用多种活动发展身体平衡和协调能力。
2. 发展幼儿动作的协调性和灵活性。
3. 对于拍球、跳绳等技能性活动，不要过于要求数量，更不能机械训练。
4. 结合活动内容对幼儿进行安全教育，注重在活动中培养幼儿的自我保护能力。

5. 展开丰富多样、适合幼儿年龄特点的各种身体活动，如走、跑、跳、攀、爬等，鼓励幼儿坚持下来，不怕累。

6. 日常生活中鼓励幼儿多走路，少坐车；自己上下楼梯，自己背包。

7. 创造条件和机会，促进幼儿手的动作灵活协调。

8. 引导幼儿注意活动安全。

（三）生活习惯与生活能力

1. 让幼儿保持有规律地生活，养成良好的作息习惯。

2. 帮助幼儿养成良好的饮食习惯。

3. 帮助幼儿养成良好的个人卫生习惯。

4. 激发幼儿参加体育活动的兴趣，养成锻炼的习惯。

5. 鼓励幼儿做力所能及的事情，对幼儿的尝试与努力给予肯定，不因做不好或做得慢而包办代替。

6. 指导幼儿学习掌握生活自理的基本方式，如穿脱衣服和鞋袜，洗手洗脸，擦鼻涕，擦屁股的正确方法。

7. 提供有利于幼儿生活自理的条件。

8. 创设安全的生活环境，提供必要的保护措施。

9. 结合生活实际对幼儿进行安全教育。

10. 教给幼儿简单的自救和求救的方法。

第三节 国家幼儿体测标准介绍

一、分组和年龄范围

适用对象为 3～6 周岁的中国幼儿。按年龄、性别分组，3～5 岁每 0.5 岁为一组；6 岁为一组。男女共计 14 个组别。

二、体测项目

测试指标包括身体形态和身体素质两类。具体内容见表 8-3。

表 8-3　国家幼儿体测项目

类别	测试指标
形态	身高 体重
素质	10 米折返跑 立定跳远 网球掷远 双脚连续跳 坐位体前屈 走平衡木

（一）形态测试

1. 身高：反映人体骨骼纵向生长水平（图 8-1、图 8-2）。

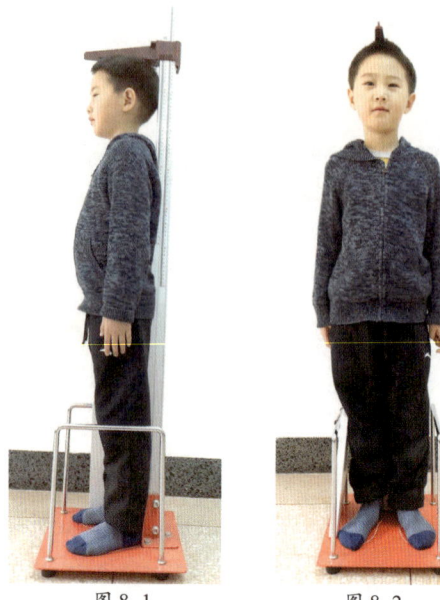

图 8-1　　　　图 8-2

2. 体重：反映人体发育程度和营养状况（图 8-3）。使用体重秤测试，精度为 0.1 千克。

图 8-3

(二) 素质测试

1. 10 米折返跑：反映人体的灵敏素质。

使用秒表测试。在平坦的地面上画长 10 米、宽 1.22 米的直线跑道若干条（图 8-4），在每条跑道折返线处设置一手触物体（如木箱），在跑道起、终点线外 3 米处画一条目标线（图 8-5、图 8-6、图 8-7）。

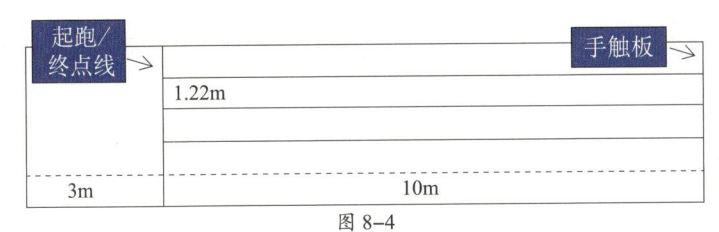

图 8-4

图 8-5　　　　　　图 8-6　　　　　　图 8-7

2. 立定跳远：反映人体的爆发力（图 8-8、图 8-9、图 8-10、图 8-11）。

图 8-8　　　图 8-9　　　图 8-10　　　图 8-11

3. 网球掷远：反映人体上肢和腰腹肌的力量（图 8-12、图 8-13、图 8-14、图 8-15）。

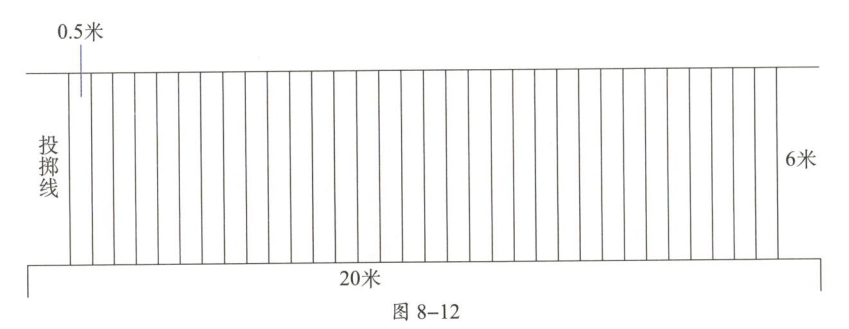

图 8-12

图 8-13　　　　　　　　图 8-14　　　　　　　　图 8-15

4. 双脚连续跳：反映人体协调性和下肢肌肉力量（图 8-16、图 8-17、图 8-18、图 8-19）。

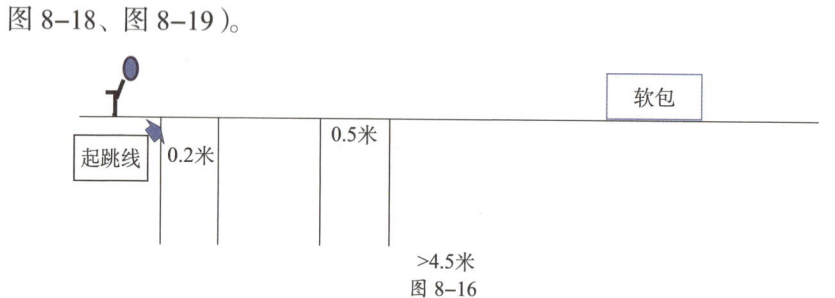

图 8-16

图 8-17 　　　　　　　　图 8-18 　　　　　　　　图 8-19

5. 坐位体前屈：反映人体柔韧性（图 8-20）。

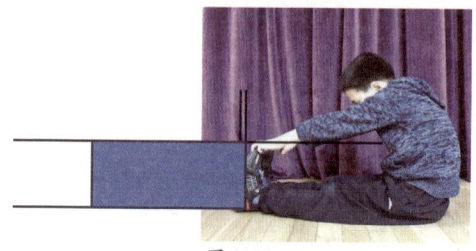

图 8-20

6. 走平衡木：反映人体平衡能力（图 8-21、图 8-22）。

图 8-21

图 8-22

三、评定方法与标准

> 采用单项评分和综合评级进行判定

1. 单项评分，包括身高体重评分和其他单项指标评分，采用五分制。
2. 综合评级。根据受试者各项得分之和确定，共分为四个等级（表 8-4）：一级（优秀），二级（良好），三级（合格），四级（不合格）。任意一项指标无分者，不进行综合评级。

表 8-4 综合评级

等级	得分
一级（优秀）	>31 分
二级（良好）	28~31 分
三级（合格）	20~27 分
四级（不合格）	<20 分

第四节 其他指标介绍

儿童动作测量量表（Movement Assessment Battery for Children，M-ABC）：由美国 Henderson 和 Sugden 于 1992 年编制，2007 年修订。该工具对 3~6 岁儿童测试，主要从手部灵活性、瞄准与抓取、平衡 3 个角度评价儿童动作技能。具体包括放置硬币、串珠、描画、投豆袋、锯脚走步、单脚平衡、地毯蹦跳等 8 个测试项目。

儿童身体协调测试（KTK）：由德国 Kiphard 和 Schilling 于 1970 年创编，测试内容分为 4 项：走不同高度的平衡木；连续 15 次侧跳；用盒子向侧移动；单脚跳过逐渐增高的海绵块。

骨龄是考察生理年龄的一种指标。一般会采用 X 光给手腕部、掌部或膝盖前后拍片。但由于费用、操作不便和少量辐射问题，多数研究并没有采用骨龄考察法。而且研究发现，骨龄跟实际年龄的相关性为 88%，年龄对运动表现有 85% 的相关性，所以骨龄也只是增加了 4%~7% 的解释力（Rowland，1995）。

第五节 怎么解读孩子的身体能力数据

一、个体差异极大

不同儿童个体间的发展水平和发展曲线差异极大，推测是由于遗传和环境引起的。

(一) 遗传的影响

研究显示，遗传因素对于孩子成年后的身高的影响大约为 60%，对体重的影响大约为 40%，对长骨的长度和直径以及身材的影响大约为 60%。

(二) 内分泌的影响

生长激素、类胰岛素生长因子、甲状腺素、副甲状腺素、性激素、肾上腺素都会影响儿童的发展水平。

(三) 营养的影响

营养可能是影响生长发育的最重要的环境影响。儿童需要足够的热量以及均衡的饮食（蛋白质、脂肪、碳水化合物、维生素、矿物质等）。

(四) 身体活动的影响

身体活动对身高的影响目前还没有令人信服的数据和理论支持，但运动导致的热量消耗可能是影响体重的主要因素，能减少脂肪、增加肌肉量。运动带来的物理负荷能促进骨骼的碳化作用，改善骨质疏松，提高骨密度。

(五) 其他环境因素

社会经济状况、家庭人数、社会环境、地理、气候、种族、文化等。

二、重视相对值变化

在评定儿童发展时，不是简单地看绝对值或相对值，而是看相对值的变化情况。如 A、B、C 三个 8 岁小朋友的身高都是 1.3 米，但他们将来长大后的身高可能分别是 1.9 米、1.75 米、1.6 米，所以他们的生长发育成熟度其实并不相同，分别是 68%、74% 和 81%（比较早熟）。这些生理发育进度的差异可能对儿童运动时的生理反应产生显著影响。

所以，当解读孩子的生长发育时，建议看孩子的身高体重所在的百分比位置的变化。比如，如果 4 岁时身高在 20% 等级的位置，以后应该也大体保持在 20% 的位置。如果体重的百分等级曲线下降，可能有充血性心脏衰竭的危险；身高的百分等级下降，可能有脑垂体功能失调的危险；体重的百分等级上升，可能进入肥胖儿行列。另外身高和体重的百分等级不同对于幼儿初期也是正常的。

由于上述原因，如果用统一的标准去解读孩子的体测成绩，是极不公平的。比如，遇到同年龄中跑得慢的孩子，由于遗传条件的限制，他的体能水平可能已经很好；或者生理年龄发育较晚的孩子，成绩低于同龄人，但相较于相同的生理年龄而言，他的水平也可能已经很好。

研究表明，参与运动的难度和强度、营养状况、家庭环境等外因能改变肌肉力量、有氧体能生理水平，乃至可能改变生理发展曲线。因此，要想塑造一个健康的孩子，就让孩子来运动吧！

本章小结

从美国粗大动作测试量表的内容和评定方法、我国幼儿身体活动指南中对五大领域之一的健康领域的评定内容、国家幼儿体测标准中的测试项目及评定方法等介绍中可以看出，动作发展尤其是粗大动作发展是国内外幼儿体育关注的重点。美国强调对动作过程的评价，我国更重视对动作结果的评价。由于儿童发展受遗传、环境、营养、经历等多重因素影响，个体差异很大，在评定孩子的发展时要看其自身的前后变化，看相对值的变化，尽量不去做横向的比较。

第九章
通过运动提高幼儿的专注力和情商

脑科学和心理学研究表明,专注力和情绪管理是孩子成长不可缺少的素质。孩子好动、单纯,又处在心理和情感快速发展的阶段,我们如何通过运动的手段,培养6岁以内孩子的专注力和情绪管理能力呢?

第一节　如何通过运动提高专注力

一、孩子为什么会注意力不集中

好动是儿童时期很常见的现象。人类的神经系统按照一定的规律运作，兴奋和抑制两种神经通路交替进行。从4岁起，幼儿的神经系统结构发生变化，内抑制开始蓬勃发展，大脑皮质对皮下的控制调节作用逐渐加强。这意味着，幼儿能够逐渐控制自己的注意力，控制行为。他们开始能够理解和遵守家庭及幼儿园的规则，用他人可接受的方式来表达情绪。但相比小学阶段而言，这时候幼儿的抑制机能还是较弱，好动、脾气大、动作不协调等现象仍然很常见，幼儿很难长时间保持一种姿势或集中注意力于单调乏味的学习。

因此，不能一味地指责孩子难以集中注意力。在选择适合孩子的教育内容和方法时，要注意适应孩子的年龄特点，调动孩子的多种感官。比如，提供与书配套的视听资料，或者让他们动起来，更有利于促进孩子的吸收。

二、运动为什么能提高专注力

国内外大量研究发现，体育运动能有效地提高孩子的注意力和认知能力：有研究发现，参加完体育活动后，儿童学习时会更加集中注意力，而且学习成绩也会更好。

多学科研究发现，运动可以通过不同的路径来提升注意力。

1. 负责运动的大脑区域往往也同时参与注意力的调控。

神经生理学研究发现，注意系统在大脑中是一个分布广泛的网络，从脑干叫作蓝斑的部分开始（也称作唤醒中心），把信号传过诸如奖励中心、大脑边缘系统和大脑皮层等大脑区域，将其唤醒。这些大脑结构和部位很大程度上也参与动作的控制和计划。此外，最近科学家还发现，负责动作管理和调节的小脑也与注意力有关。小脑只占人脑容积的10%，却拥有我们一半的神经元。它不仅为运动性动作保持节奏，还调节神经系统，更新和管理信息的流通。

2. 众多研究证实，体育运动能提高肾上腺素和多巴胺等负责注意力的神经传递素的基础水准。

3. 运动过程本身就需要注意。在挑战身体的同时也在挑战大脑，这是体育活动区别于阅读等其他活动的一大特点。

4. 孩子对活动的物体感兴趣，兴趣引起注意，这样经过一段时间的训练，便会发现孩子注意力有了一定的提高。

5. 儿童喜欢直接的奖励，他们很难在一个长远目标上维持注意力。而参与体育运动时成绩的提高、胜负结果都是即刻的奖励，可有效地激励孩子集中注意力去完成特定的任务。

三、什么样的运动能提高专注力

（一）提高专注力的运动内容选择

垫上练习、徒手或器械的平衡练习、武术套路、跆拳道套路、手指操、多种球类技能的练习、跳绳、踢毽子、舞蹈等活动，都可以让儿童全身心投入。对于平时注意力难以集中、好动的儿童而言，可以达到"以动制动"的效果（图9-1）。

值得一提的是，像拍球、抛接球、踢球、滑滑

图9-1

梯、走平衡木、跳绳、武术等一些比较复杂的体育活动，往往比简单的走、跑等有氧运动对孩子的专注行为的影响更有效。这是因为，这些运动的动作技术要求较高，能激活大脑里负责平衡、时机、排序、结果评定、转换、错误纠正、精细动作调整、高度集中和注意等诸多区域。尤其是有一定风险的体育活动，如平衡木练习，会迫使人们进入高度集中和注意的状况，以便做出进或退的反应。

再比如，武术、跆拳道、舞蹈等涉及成套动作的记忆，对训练孩子的记忆力也有一定的作用。

（二）提高专注力的活动安排技巧

1. 从建立规矩开始，如站姿、问好、礼貌打招呼、友好等。
2. 要求孩子听别人讲话时，眼睛要看着对方。
3. 给孩子指示时要经常变换声音的大小和语速。
4. 让孩子时刻做出回应，时常点名、击掌回应等。
5. 把每天要进行的活动安排写出来，让他们知道要求。
6. 每次只布置一个任务或要求。
7. 把口头指示与图表、示范结合起来。
8. 用多种颜色来标记或布置房间。
9. 运用视觉、听觉、嗅觉等多种感受器来学习。
10. 让孩子们直接参与。集体游戏时要注意控制对孩子压力、胜负的把握。

第二节 如何通过运动提高情绪管理能力

一个人的情绪特点可以说是心理健康状况的综合体现。做父母的都希望孩子活泼、好学、懂事、乖顺。当孩子情绪低落、大哭大闹、发脾气、不上学时，父母们常常感到无计可施，自己的情绪也变得恶劣，甚至采取"高压政策"，简单粗暴地对待孩子以维护做父母的权威。在孩子成长的过程中，情感的发展也是很重要的一个方面。如何发展孩子的情绪管理能力是家长们关注的话题。

一、孩子为什么会脾气差

实际上，跟成人一样，孩子也会有不高兴、不快乐的时刻，也会有负面情绪。心理学家发现，很多孩子的强迫行为、攻击行为、破坏行为，和他内心的紧张情绪得不到及时合理的宣泄有关。和成人不一样的是，孩子的情感隐藏不住，他们的喜怒哀乐常常会表现在脸上、行为上。

跟孩子的注意力发展类似，孩子的情绪管理能力也在发展之中。他们先是能感受、识别自己和他人的情绪，如高兴、生气、恐惧、悲伤等。他们逐渐开始理解和遵守家庭和幼儿园里的规则，用他人可以接受的方式来表达情绪。4~5岁以后，孩子才逐渐开始能够调节自己的情绪。

因此，当孩子出现负面情绪时，与其压制，不如让其发泄。只要孩子的发泄没有伤害自己和他人，也没有损坏东西，哭，就让他哭；怒，就让他怒；忧，就让他忧；尽量不去训斥、责难，让孩子有机会独自处理自己的情绪，让他自己有一个自由释放的空间和时间，在体验中学习管理和宣泄情绪，学会适度控制和调节情绪。

二、如何通过运动提高情绪管理能力

体育运动是释放或宣泄紧张情绪的一个有效渠道。

通过体育运动如跑步，疾走，游泳，打羽毛球、排球、篮球，踢足球，骑脚踏车，登山等能加强心肌收缩力，促进血液循环及消化系统的新陈代谢，使大脑得到充分的氧气和营养物质，能使大脑皮层的兴奋和抑制恢复平静，从而达到改善不佳心情的目的。当孩子出现紧张、愤怒、不安等不良情绪时，孩子们借助跑步、拳击等运动及其伴随的嘶喊、出汗，可以让这些负面的情绪抛之脑后，代之以兴奋快乐的体验（图9-2、图9-3）。

图 9-2　　　　　　　　　　　　　图 9-3

体育运动是人造的成功与挫折训练场。

将球踢入球门或投入篮筐，翻一个跟头或跳过一个障碍物等成功的体验，都会给孩子小小的心灵注入自信；同样，一次次摔倒、学不会某个动作等经历，会让孩子产生挫折感，但摔倒了站起来继续跑、擦干眼泪接着学的体验又会提升他们抗挫折的能力，培养他们认识自我和激励自我的能力。可以说，孩子在失败中学习面对现实，在愤怒中学习调控心情，在沮丧中学习振奋自己。儿童在进行体育活动的过程中，能够正确理解竞争与合作的关系，学会尊重他人。不过，需要注意的是，孩子在6岁前仍然很难调控自己的情绪，因此在竞赛类游戏时要注意控制胜负欲和来自同伴的压力。

儿童在体育运动中提高人际交往和团队协作能力。

体育活动中的人际交往具有形象、简洁、快速、明确的特点。正是这些特点，促进了参与者之间的情感交流，使相互之间的关系更加和谐、融洽（图9-4）。

图 9-4

第三节　如何让孩子积极参与运动

为什么有的孩子会如此投入和持久地玩一种游戏，有的却玩一次就不再玩了？孩子参与一项活动，不是因为它对身体或大脑多么有益，而是它新鲜、好玩、刺激、有成就感。因此，需要重视激活孩子参与运动的动机。

专家 Oerter 提出幼儿参与活动会遵从两种动机：第一动机体系遵从"兴趣—无兴趣"原则。就是说，尽量立即获得快感，避免非快感，如饿了马上进食、好奇心尽快得到满足。第二动机体系受"成功—失败"原则控制，为了成功，不惜一切代价，并延缓快感的获得。

为了激活孩子参与体育活动的动机，可以采取以下做法。

（一）情景化的游戏设置，唤醒幼儿的好奇心

幼儿喜爱的情景有以下几种。

1. 动物模仿类：大猩猩、企鹅、小鸭子、天鹅、兔子、乌龟等。

2. 日常生活类：搬运物品、摆放物品、打水、开汽车等。
3. 职业扮演类：消防队员、警察、维修工、快递员、医生等。
4. 体育项目类：灌篮高手、武术大师、足球小将等。
5. 探秘冒险类：寻找宝藏、丛林探险、冒险岛等。

（二）适宜的挑战性，激发斗志，获得自信

适宜的挑战性是指孩子"努努力能完成的任务"，挑战性过高会降低孩子的自我效能感，而挑战性过低孩子容易感到无聊，不愿继续游戏。此外，挑战性应是层层递进的，设置若干"小阶梯"，让孩子体验到自己越来越强大。

（三）游戏的可塑性，满足孩子的探索欲望

对某种运动器材的使用方法，不要以成人的惯性思维加以限制，不提前固定它的意义和使用方法，为孩子创造力的发挥"留白"。比如，拿到一个彩色呼啦圈，它不是只能挂在腰上扭动，它在孩子手里可以成为汽车的方向盘、可以是扔出去的飞盘、可以是哪吒手里的乾坤圈等，放低姿态跟着孩子一起玩是个不错的主意哦！

（四）关注、参与、支持与鼓励是孩子游戏的助燃剂

在孩子玩游戏的时候千万不要成为在旁边指手画脚的评论家、指挥家！和他们一起玩，做他们的小"粉丝"，给他们加油、鼓励是最好的选择（图9-5）这里要注意的是，不要敷衍地、泛泛地鼓励，鼓励是基于观察的、真实的、具体的、真诚的，比如："你刚才在遇到困难的

图 9-5

时候没有像之前一样放弃，我真为你的进步感到高兴！"和小伙伴一起游戏也是同样。还要及时肯定他们的每一次成功或成绩。

> （五）新异刺激很重要，需要不断地变换教学手段和节奏，以维持他们的兴趣

孩子过于胆小敏感怎么办？

有些孩子的感官知觉会比其他孩子更敏感一些。比如，有的孩子极其怕沙子，手脚一碰沙子就大哭。还有的孩子对外界的细微声音更敏感。这些敏感的感官反应会使孩子在某些时候不敢尝试新事物，阻碍孩子身体动作能力的发展。为了促进孩子更均衡地发展他们的感知觉，可以考虑为孩子提供更丰富的感知觉环境。

1. 触觉

1）在光滑与粗糙的表面上移动。

2）在凹凸不平的地面活动。

3）提供大小、轻重、材质不同的运动器材。

4）在安全的环境下裸足运动。

2. 动觉。动觉是对身体各部位的位置、运动状况、肌肉的紧张程度等的感觉。简单的、横平竖直的基本体操练习是非常有效的锻炼方法。

3. 前庭觉，负责身体的平衡，是人体的平衡器。发展平衡的途径包括以下几种。

1）沿着狭窄的路线移动。

2）在凹凸不平的地面上移动。

3）需要急转急停的动作。

4）旋转、翻转。

5）在晃动的物体上移动或者保持平衡。

6）在对抗和干扰下保持平衡。

7）关闭视觉器，即闭眼，能更多地调动前庭觉的参与。

本章小结

运动是提高孩子专注力和情绪管理能力的一种行之有效的手段,因为运动为幼儿提供了一个丰富的多种感官参与工作的体验,"以动制动",获得与人沟通、合作的机会。

结语：和孩子一起运动和成长

对孩子的学前教育投资将为孩子和社会带来福祉。20 世纪 60 年代在美国密歇根州开展了一项针对非裔美国儿童的佩里学前教育研究计划 (Perry Preschool Program Study) 发现，相比未参加该计划的同龄人，参与者长大后对福利的依赖更低，犯罪更少，也更有成就。据此估算出，学前教育每投入 1 美元给社会就带来了 7～12 美元的回报。学前教育被证明比大学或监狱更具成本效益。

然而，学前教育投资并不是做甩手掌柜，送孩子去参加课外培训、培养一个值得炫耀的特长；学前教育投资，更关键的是父母通过陪伴培养亲子信任，让孩子在充满安全感的环境下发展自我。英国的一项干预行动计划让受过训练的健康助理们走访贫困家庭，每周花 1 小时指导母亲们通过玩耍来刺激孩子。对这些孩子进入成年后的跟踪调查表明，相比根据他们的出身所能够做出的预测,他们在学校表现得更好,薪资更高,并拥有更好的心理社会技能,犯罪倾向也更小。可见,对父母的培训是何等重要。

事实上,在养育孩子的过程中,父母也在成长。每一位父母都应该注意以下事项。

1. 儿童不是缩小版的成人,而是有着自己独特需求和特点的个体。比如,幼儿时期从感觉运动中获得的认知要优于和先于从符号中获得的认知,为此,家长要为孩子提供丰富、独特的体验和尝试,让他们成为适应力强、有能力、自信和自尊的新人。

2. 儿童以不同的方式和不同的进度学习和发展。儿童与儿童之间有着巨大的差异。尽量不要将自己的孩子与别人的孩子比较。

3. 运动对儿童生活和成长十分重要。运动是儿童最基本的日常活动内容,是他们最基本的表达方式,也是其学习和发展的检验石,还是了解世界和自我的媒介。当一个孩子开始学走路时,垂直站立的姿势及不受约束的手为运动开启了一个新世界,可以增加孩子们探索和学习的机会,比如,可学会跑、跳、扔、踢等一些基本的运动技能。

4. 基本运动技能并非到相应年龄就一定出现,而是生理潜能与环境刺激相互作用的结果,为儿童提供参与运动时的感受、经验和指导的环境十分重要。

5. 脑科学、心理学、运动学等相关研究表明:体育运动能促进人的身体健康、智力发展,使身心愉快、释放压力,能培养社交能力和创造力,等等。这些"隐性知识"在人工智能时代非常重要,因为他们是人工智能无法效仿的技能。为此,家长应将体育运动放在优先位置,充分重视孩子的身体和动作技能发展,通过运动给儿童提供足够的全面发展的空间和机会,特别是身体经验和感官经验的机会,因为经验的丰富与扩展是儿童心理发展的重要因素。

6. 父母应该和托儿所、幼儿园携手合作,为孩子提供一个适宜成长和发展的环境,满足他们的需求;在与同伴、父母和其他人员的交往中,让他们建立起积极的关系,学会自强和独立。运动在构建积极关系、自强性格方面独具魅力。

7. 要发挥运动的最优效果，家长们需要注意动作频率、强度（FITT模式）、时长和类型等因素，科学合理地安排和组织身体活动。频率是指在一定时间内所做的次数，幼儿一天应有多次体育活动。除此之外，还要强调每次静坐类活动不应该超过60分钟。强度是指身体活动的负荷，通常用心率来衡量。理论上讲，应该鼓励和激励孩子全天进行不同强度的身体运动。但鉴于婴儿的多数活动是自主性的活动，很难要求他们按照一定的强度来运动（让婴儿决定自己的活动强度，婴幼儿会通过哭闹或望着远处让家长知道他不玩了）。时长包含每次身体活动的时间以及每天活动的总时间。根据加拿大《0~4岁儿童方案》，幼儿每天至少要活动3个小时（任何强度大于久坐的活动都可以）。身体活动有多种动作类型，而不同类型会对身体有不同的影响。因此，在对婴幼儿进行身体训练时，要重视动作类型的选择，注意结构性和非结构性的身体活动相结合。幼儿每天应至少参与60分钟至几小时的非结构性的活动，至少30分钟的结构性活动；可将结构性活动融入孩子的日常生活中；非结构性的身体活动应该置于不同的环境中，使得孩子们去和同龄人玩，去模仿家长。

让我们多给孩子留出一些时间，和孩子一起运动和成长吧！

主要参考文献

- 杨宁，庄弼．第二代认知科学对幼儿运动教育的启示[J]．体育学刊，2015（6）：59-63．
- 吴升扣，张首文，邢新菊．动作发展视角下幼儿体育与健康领域学习目标的国际比较研究[J]．成都体育学院学报，2014（5）:75-80．
- 董进霞．大脑和身体协同开发课程指导——儿童3C脑体双优[M]．北京：化学工业出版社，2014：101．
- 林崇德．发展心理学[M]．北京：人民教育出版社，2009．
- 莫秀峰，郭敏．学前儿童发展心理学[M]．南京：东南大学出版社，2016．
- 刘焱．儿童游戏通论［M］．北京师范大学出版社，2004：370．
- 雷娜特·齐默尔．幼儿运动教育手册［M］．杨沫，易丽丽，译．南京师范大学出版社，2008．
- Greg Payne，耿培新，梁国立，主编．人类动作发展概论［M］．北京：人民教育出版社，2016．
- 皮亚杰发生认识论精华译丛[M]．上海：华东师范大学出版社，2005．
- 教育部发布《3—6岁儿童学习与发展指南》(全文) http：//www.chinanews.com/edu/2012/10-15/4248631_2.shtml. 2012年10月15日．2016.3.1．
- Gallahue, D.L. & Ozmun, J.C. (2006). Understanding motor development (6th ed.). Indianapolis, Ind.：Benchmark Press.
- Newell, K.M（1984）.Physical constrains to development of motor skills. In J.Thomas（ed.），Motor Development during Childhood and Adolescence. Minneapolis，MN：Burgess Publishing Company.
- OECD (2012), Starting Strong Ⅲ：A Quality Toolbox for Early Childhood Education and Care, OECD Publishing.
- (美) NASHE, Appropriate Practices In Movement Programs For Children

Ages 3 – 5, 201.

- （英）Physical activity in the early years, or BHF National Center for Physical Activity and Health, Loughborough University.
- （英）The Department of Health. Start Active, Stay Active. A Report on Physical Activity for Health from the Four Home Countries' Chief Medical Officers. 2011. http：//www.bhfactive.org.uk/userfiles/Documents/startactivestayactive.pdf.
- （美）National Association for Sport and Physical Education (2009) Active Start：A statement of physical activity guidelines for children from birth to age 5, second edition. Reston, VA：American Alliance for Health, Physical Education, Recreation, and Dance.